图解服务的细节
112

"新零售战略与大趋势"系列

スーパーマーケットのブルーオーシャン戦略

超市的蓝海战略
创造良性赢利模式

［日］水元仁志 著
尚晓佳 译

人民东方出版传媒
People's Oriental Publishing & Media
东方出版社
The Oriental Press

图字：01-2021-1238 号

Super market no Blue ocean Senryaku
by Hitoshi Mizumoto
Copyright © 2009 Hitoshi Mizumoto
Simplified Chinese translation copyright © 2022 Oriental Press,
All rights reserved
Simplified Chinese translation rights arranged with Hitoshi Mizumoto.
through Hanhe International (HK) Co., Ltd.

中文简体字版专有权属东方出版社

图书在版编目（CIP）数据

超市的蓝海战略：创造良性赢利模式 /（日）水元仁志 著；尚晓佳 译. —北京：东方出版社，2021.12
（服务的细节；112）
ISBN 978-7-5207-1842-4

Ⅰ.①超⋯ Ⅱ.①水⋯ ②尚⋯ Ⅲ.①超市—商业管理 Ⅳ.①F717.6

中国版本图书馆 CIP 数据核字（2021）第 214483 号

服务的细节 112：超市的蓝海战略：创造良性赢利模式
(FUWU DE XIJIE 112: CHAOSHI DE LANHAI ZHANLÜE: CHUANGZAO LIANGXING YINGLI MOSHI)

作　　者：	[日] 水元仁志
译　　者：	尚晓佳
责任编辑：	崔雁行　高琛倩
出　　版：	东方出版社
发　　行：	人民东方出版传媒有限公司
地　　址：	北京市西城区北三环中路 6 号
邮　　编：	100120
印　　刷：	北京文昌阁彩色印刷有限责任公司
版　　次：	2021 年 12 月第 1 版
印　　次：	2021 年 12 月第 1 次印刷
开　　本：	880 毫米×1230 毫米　1/32
印　　张：	8.125
字　　数：	148 千字
书　　号：	ISBN 978-7-5207-1842-4
定　　价：	58.00 元

发行电话：(010) 85924663　85924644　85924641

版权所有，违者必究

如有印装质量问题，我社负责调换，请拨打电话：(010) 85924602　85924603

总序 / 001

中文版序言 / 007

前 言
让我们在蓝海中变得更赢利
——您的薪资出自"毛利额"

"常识会剥夺一切可能性" / 013

行业"整齐划一主义"的盛行 / 016

"因为毛利率高",所以能对员工培训进行投资 / 019

为了大家的幸福,更要意识到毛利额的重要性 / 023

第 1 章
蓝海性质的"市场分析"
——锁定"中流之上"和"中流之下",争取"中流之中"

"不去实体店消费"的一代人在增多 / 029

消费者已具备"消费行为合理化" / 035

"隐形家庭"的登场和扩大 / 037

"年迈的父母和不结婚的子女"的家庭在增多 / 039

"成功的关键在于不迷失目标"（比尔·盖茨）/ 041

"即使我们开了新店，竞争店也不会采取任何行动" / 044

要挑战销售额吗？目的是改善收益吗？/ 046

经济萧条与"附近有竞争店开业"的结果一样 / 053

第2章
蓝海战略的"基本内容"
——"市场调研"和"目标可视化"

聚焦"差异可视化"的市场调研 / 057

尽量通过"一张纸"让全体员工把握店铺战略 / 063

"无视忽略"使"优势"更加突出 / 067

如果共享"宣传语"，店铺必将发生改变 / 071

  1. "有取有舍" / 071

  2. "高度的独特性" / 071

  3. "具有吸引力的宣传语" / 072

将"目标可视化"的收支报表 / 073

不考虑库存因素，把"收支差额"当作毛利额 / 077

"不愿推销毛利率低的商品"的奇怪风气 / 080

毛利率、损耗率、不良率等"比率中存在陷阱" / 082

第3章
蓝海"营销战略"
——"以生产日期为标准的鲜度管理"和"零库存"以及"单品走量能力"

为了实现顾客认可的"与众不同的鲜度" / 087

"仅靠立减 5 日元、立减 10 日元是不可能卖出去的?!" / 090

因为从"卖方的立场"出发,所以导致高价商品滞销 / 093

以零库存为目标的话,就连"人生观"都会发生改变 / 096

关键在于削减库存的"意识化" / 098

"不合格的销售员"而非"销售员"在增多 / 103

"单品走量能力"和"售罄能力"正是应对不景气的关键 / 106

毛利"率"取决于总部,毛利"额"则取决于现场 / 109

构建"高毛利意识"文化,成为"赢利"企业 / 112

使"故事营销"的标准实现进化! / 115

    实例 A　以可视化形式展示出单个水果的售价,成功提高了袋装水果的单价 / 116

    实例 B　以可视化形式展示根茎类商品的节约感,成功提高了购买总量 / 118

    实例 C　以可视化形式展示"行情走低",实现了销售额的爆发式增长 / 119

实例D 以可视化形式展示浓缩型调味汁的便宜感，销售额增长了10倍 / 120

第4章
蓝海模式下的"爆品打造"
——如果能激发顾客的情感，商品就会实现爆棚热卖

"爆品"仍埋没在店内 / 125

摆脱"季节性商品"的固有观念束缚，打造爆品 / 129

"商品命名要体现美味"是我一贯的主张 / 132

只要商品能激发顾客的情感，就一定会成为超级爆品 / 143

正因为处于商品滞销的时代，所以才要打造"畅销商品" / 146

站在"顾客的立场"考虑企划，成功概率会大大增加 / 149

"面包商品全部打7折""唉，没有赚头了" / 152

面包还摆在面包卖场以外的地方，店铺内"到处可见" / 154

第5章
蓝海模式下的"现场培训"
——从部门临时工到收银员的战斗力提升方法

为什么不开展临时工培训？ / 161

通过分享成功案例，提高企业"标准" / 164

运用互联网电视的员工培训成功案例 / 168

通过网络会议实现员工信息共享的成功案例 / 172

收银员想出的"故事广播" / 174

优秀店长的背后有优秀的收银员主管 / 177

  女强人案例之 1 株式会社 SunShine 高知

         久保美喜女士 / 180

  女强人案例之 2 株式会社 hiraki store 大坪店进口商品

         日配部主任 金森美代女士 / 186

  女强人案例之 3 株式会社 ichiyama mart

         胜俣千惠子女士 / 191

第 6 章
蓝海模式下的"店长"
——越是交响乐团的名指挥越不会批评失败

店铺交响乐来自乐器演奏者（=员工）的配合 / 201

好的指挥者让负责人的注意力转向顾客而非总部 / 203

好的指挥会巧妙运用"开放式提问" / 206

"哈哈哈，那，这个平柜的订货金额是多少？" / 208

好的指挥擅长调动人员的积极性 / 211

大家是否需要"幕后推动"？ / 213

所谓"培养"是让下属学会思考 / 216

最终章
蓝海模式下的"人才培养"方法
——别再用"管理"这种说法，都改用"标准"吧

培养的是否是"唯命是从"的孩子？/ 221

较之"早睡早起"，"早起早睡"的说法更显积极 / 223

销售额是"目标"，毛利额和营业费用是"计划"/ 226

应扩大自家店的"舒适区"/ 228

用以往的"标准"无论如何也达不到"目标"/ 230

商人传道师流派的 PDCA 循环 / 231

转换思路，从"必须成功"到"失败也无妨"/ 234

写在最后
I have a dream
——唯有心怀热爱与执念，方能成就一番事业

1953年，日本第一家自助式服务超市开始营业。

此后，从1970年到1990年，日本迎来了"高速成长期"，衣食住等各类商品一应俱全的综合超市（general merchandising store）实现了飞速发展。

然而，自1980年持续至1991年的"泡沫经济"破灭后，日本经济开始陷入低迷，与综合超市相比，连锁专卖店逐渐赢得了民众的支持，日本零售业的势力版图彻底发生了改变。

从20世纪80年代开始，24小时营业的便利店也迅速发展，并演变为一种改变日本人生活习惯的零售业态。

与此同时，超市也抓住了高速成长期的机遇，龙头企业遍布日本各地。

但在经历了2008年的"雷曼事件"之后，日本经济陷入严重衰退，价格竞争愈演愈烈。

"充满血腥的厮杀"席卷了整个行业。

正当大家竭力尝试摆脱这场"充满血腥的厮杀"时……

2008年，《超市新常识1：有效的营销创新》一书开始销售。

这本书基于具体事例，以浅显易懂的方式阐述了如何从"充满血腥的厮杀"中脱身，一经问世便大受全日本零售行业人士的青睐，掀起了畅销热潮。

据说这本书甚至改变了"日本超市的历史"……

《超市的蓝海战略：创造良性赢利模式》于 2009 年开始发售。

正值日本进入"人口减少、少子高龄化"的严峻时代，这本书作为介绍"低价格"以外的"差异化竞争"方法的"战略书籍"，面对人口持续下降的"少子高龄化"时代危机，在读者忠实践行本书的创意和策略的基础上，帮助日本各地的零售业经营者构筑起全新的超市业态。

之后，日本与美国一样，除了超市之外，药妆店也开始经营食品，成为超市行业新的竞争对手。

而此时，从根本上改变现有的"采购""物流""销售"等整体"机制"的时机已经成熟……

《超市未来生存之道：为顾客提供新价值》一书应运而生。

除了店铺运营、销售方法之外，本书还对采购（供应）、物流等看不见的环节进行了深度解读，作为创造了日本零售业新价值的书籍而广受关注。

然后，时间来到了"2011 年 3 月 11 日"。

日本发生了"东日本大地震"。

受此次灾害的影响，日本人的生活方式和价值观念发生了极大的变化。

与此同时,"发挥女性力量""女性进入社会"等呼声也在日本此起彼伏。对于零售业而言,"新战略"同样迫在眉睫。

当时,日本很多企业都将《超市新常识2:激发顾客共鸣》奉为"圣经"。

这本书围绕企业要如何应对全新的社会秩序进行了具体阐释,获得了读者的压倒性支持。

而到了现在……

日本的零售业即将迎来"百年一遇的大变革期"。

迈入这个时代,过去的"常识"已经完全行不通了。

怎样应对"AI化"及"网上超市"等电子商务的发展?

如何面对"SDGs"或"可持续发展"的时代要求?

对于"少子高龄化"造成的人才短缺应采取何种对策……

在这个前所未有的时代即将来临之际,我们需要一本"指南"……

那便是《如何规划超市未来》。

与日本一样,中国未来或许也要面临经济方面出现的各种变化。

如此一来,零售业也必须做出改变。

在不久的将来,中国也可能出现"人口下降""少子高龄化"等问题。

为此也需未雨绸缪。

相比于中国，日本已然经历了这些变化，并积累了一定的经验。

对于中国零售业的诸多从业者而言，现在可谓是学习日本的"应对变化"经验的关键时期。

零售业本就是"不断应对变化的行业"。

必须顺应时代的变化，持续改变战略或战术。而"知识与智慧"是改变的必备条件。

笔者坚信，在时代的变迁中，被日本零售行业人士奉为"圣经"的上述五本书，定能让大家掌握所需的"知识与智慧"。

若按照笔者介绍的顺序阅读本套书籍，想必大家便能全面把握"时代所发生的变化及应采取怎样的策略"。

衷心希望这套日本零售行业人士眼中的"圣经"也能成为中国零售业的"经典"。

希望大家能按顺序阅读这五本书。

在此深表谢意。

水元仁志

对于"蓝海",大家是如何理解的呢?

"蓝海"直译为"蓝色的海洋",而在商业领域,"蓝海"指的是"没有竞争的世界"。

"蓝海"的反义词是"红海"。

顾名思义,"红海"指的是"充满血腥的厮杀"。

大家是在"蓝海"领域从事经营,还是在"低价竞争"遍布的"血腥红海"中苦苦挣扎呢?

有的人希望今后能在"没有竞争的世界(蓝海)"中开展业务。

有的人想要摆脱"充满血腥的厮杀(红海)",却束手无策。

对于这些读者,笔者由衷地推荐本书。

本书在日本出版之时,大型企业的寡头垄断格局日益加剧,地方超市和中小型企业面临生存危机,它们亟需一种避免与大型企业正面交锋的战略。

正当大家都在思考怎样才能实现"没有竞争的世界"时,本书应运而生。

现在,它仍然被绝大多数成长壮大的日本超市行业(零售业)奉为"圣经",受到广大读者的青睐。

中文版序言

自本书出版以来，日本的超市行业（零售业）发生了一个重大变化。

那便是"利润意识"。

在此之前，企业一直深陷"充满血腥的厮杀（红海）"，以较低的毛利率维持经营。

不过，在本书出版后，企业朝着"蓝海战略"的方向不断推进，毛利率明显提升。

笔者常说这样一句话：

"利润只能从'意识'中产生。"

要培养"意识"，就需要"学习"。

要开展"学习"，"教科书"必不可少。

本书就是最好的"教科书"。

"获取利润"应该是世界共通的企业需求。

问题在于如果不了解获取利润的方法，这一需求便无法实现。

要想成功"获取利润"，就必须从"充满血腥的厮杀（红海）"中彻底脱身。

为了让中国的整个零售行业抓住这个关键点，我们决定在中国出版本书。

在本书出版之前，日本的行业现状如下：

"毛利率为 22%~24%。"

"营业利润率不到3%。"

而本书出版之后,通过对"蓝海战略"的理解与实践,日本零售业取得了明显成效。

"毛利率达到25%~28%。"

"营业利润率超过3%。"

据说中国零售业的毛利率比日本更低。

最大的原因估计在于迟迟无法挣脱"充满血腥的厮杀(红海)"。

笔者坚信,"蓝海战略"的思维方式若能在中国的零售行业得以普及,一定可以促进毛利率大幅度提升,从事零售业的人们也会收获更多的幸福。

中国最终也会像日本一样,陷入"店铺供给过剩"的局面。

在这种情况下,生存的唯一途径是向"没有竞争的世界"发起挑战。

注意到这一点的企业将在未来飞速发展的中国实现成长,取得成功。

希望本书也能成为中国零售业的"圣经"。

让我们在蓝海中变得更赢利

——您的薪资出自"毛利额"

"每个人都想改变世界,却没有人想改变自己。"

(托尔斯泰)

"常识会剥夺一切可能性"

大家是不是过于拘泥于"常识"呢？

"这种做法我想挑战一下……"

"不行！从'常识'来看，那样做注定会失败。"

"那样做的话，损耗必然会多。还是算了吧。以我们目前的能力来看，未免有些操之过急。"

大家是不是在职场中，也曾有过类似的对话呢？

所谓的常识会将"一切可能性"都扼杀在萌芽之中。

通常来说常识又分为两种，也就是**"行业常识"**和**"您公司的常识"**。

现实中，这两类常识将会剥夺您公司的发展潜力，阻碍前进的脚步。

各位如果过于拘泥于"常识"，将永远无法取得进步，也难以打破现状。

围绕着"价格（低价）"的竞争也将永无休止地持续下去。

各位打算将"价格竞争＝红海（血海奋战）"的模式持续到何时呢？

只围绕价格竞争而展开的斗争，最终结果必将是资本实力雄厚的企业胜出。

此乃洞若观火之见。

拘泥于"常识"的企业惧怕"挑战新事物"。

为什么会这样？

这些企业给出的理由有"因为我们没做过""因为其他企业都未在做""因为我们考虑的是，想等其他企业成功之后我们再尝试去做"等。

这就是一种所谓"不做就不会错"的思维模式。

具有这样思维模式的超市，在今后的时代将会举步维艰。

那么，我们该如何应对？

我们必须摆脱"价格竞争=红海（血海奋战）"的模式，争取打入"蓝海"市场。

所谓"蓝海"即"蓝色的海"，是指**"不存在竞争的世界"**。

在蓝海模式下，我们将采取与竞争对手完全不同的战略，与竞争对手展开与以往截然不同的竞争。

但各位或许会有疑惑："怎么可能那么容易就实现呢？"

然而，现实中确实有这样的企业，在"蓝海"模式下成功实现了门店扩张。

如果您目前还停留在初步考虑"我们店也想打造成蓝海模式！"，那么请您务必读到最后。

相反，如果您仍坚持"我们今后要在红海模式下取胜"，想必这本书于您无所助益，建议您止步于此。

坦白地讲，向"蓝海"模式发起挑战并不是一件多难的事。

只要我们秉持**勇气**和**坚持到底的执念**就能实现。

这和"企业规模"毫不相关。

这和"店铺规模"毫不相关。

这和奋战在一线的各位人士的"能力和才能"也毫不相关。

也没有任何必要去做购置计算机等设备方面的投资。

即使不聘请咨询顾问也能实现。

只要在现有实体店铺的条件下，凭借现有系统和现有人才就能够实现。

我为何能如此自信地断言？

这是因为，我作为一名咨询顾问，迄今为止已经帮助众多超市企业成功转型到"蓝海"模式。

如果您的公司已经开始采取转型举措，请不要半途而废，而是尝试将"改善和改革"坚持到底，直到形成自己的蓝海战略为止。

相信您的公司一定会成长为蓝海模式的超市企业。

各位要不要尝试挑战一下"超市的蓝海战略"？

行业"整齐划一主义"的盛行

我提供咨询服务的基本内容中包含了"打造赢利企业"。

但超市等零售业的"薪资"为什么低于其他行业呢？

一直以来，人们经常把"经营效率低"视为其原因。

由于零售业原本就属于"劳动密集型"产业，所以该行业的销售额中所占劳动成本的比重要高于其他行业。我认为这是该行业的宿命。

尽管如此，我们也不能安于现状、一味接受"薪资低于其他行业"的事实。

超市要想成为"人气企业"，还是要提高"薪资"水平。

当然，不仅要提高薪资水平，还要提升行业的最低薪资标准。

那么，我们该采取怎样的措施呢？

答案很简单，就是要把零售业打造成"赢利更多的行业"。

尽管我知道这样说会受到来自各位前辈的批判，但我还是想指出："超市现有的赢利方法实在是不高明。"

超市为什么不赢利呢？

我认为，有一部分原因是一直以来零售业都有一种根深蒂固的"商人道"思想，诸如"做买卖要先赔后赚！"、"店铺为顾客而存在"以及"是非善恶远高于利害得失"等观念，受其影响，迄今为止任何围绕"赢利"内容而展开论述的行为本身都为人们所避讳。

然而，正如"店铺为顾客而存在"这句话的后半句"同时，与店员共荣"所表达的那样，店铺自然应该有为顾客所认可的赢利方法。

使用"赢利（利润）"这一词语本身带有一种"罪恶感"，因而刻意回避的经营者实在是太多了。

或许正是这一缘故，全体员工的"赢利"意识才会变得这么薄弱。

明明可以"赚"得更多，却非要做出让步说"这本来就是不赚钱的买卖嘛！"。

"行业平均水平就这么低，也就这么回事吧！"这种"整齐划一主义"似乎正在盛行。

当意识到上述问题后，我就开始屡次使用"我们要赢利！"这一说法来说服客户企业，转变他们的观念，并让他们改变做法。

这么一来，出现了怎样的结果呢？

这些客户企业都开始"迅速"走上了赢利道路。

毛利润实现了"飞跃性"的攀升。

税前利润（经常利润）形成了"戏剧般"的增长。

开始出现了"凌驾"于行业平均水平之上的各种经营数值。

现在，我提供咨询服务的客户企业中，大约90%的企业已经在提高现有实体店铺销售额的同时，实现了每年销售额都"创历史最高纪录"。

当然，现场员工的薪资开始提高。奖金不断刷新"以往最高纪录"的企业也是层出不穷。

这是由于每一位员工凭借自身努力才抓住了"幸福"。

"那种情况根本不可能！""应该是运用了像POS分析、电脑分析之类难度较高的方法吧？是让我们去购买系统软件吗？""应该是尽量缩短劳动时间、合理安排人员工作等，重点在于人的管理吧？"

以上的回答全都是"No"。

为了证明这一点，本书内容基本上不会出现迄今为止的提高收益的"三种神器"——"系统化""合理安排人员工作""分析"这样的用语。

因为即使不采用这些方法，毛利润也会提高，收益能力也会提升。

为何我能如此自信地断言？

这是因为已经有企业在实际中做出了"成绩"。

"因为毛利率高",所以能对员工培训进行投资

"本世纪(20世纪),美国孕育了最伟大的产业,那就是超市。"

这是美国第35任总统约翰·肯尼迪(John F. Kennedy)在公开演讲中的一句名言。

由此,我们或许可以看出,对于美国而言,"超市"是如此特别的存在,而且可以称得上美国领先于世界的产业。

图表①为美国著名财经杂志《财富》于2008年评出的"全美最受员工喜爱的100家企业"。

有多家超市企业位列其中,分别是:

排名第3位的韦格曼斯食品超市(Wegmans Food Markets)

排名第16位的全食超市(Whole Foods Market)

排名第26位的Stew Leonard's[①]

排名第91位的大众超级市场(Publix Super Markets)

其他还有非超市类企业,如:

排名第7位的星巴克(Starbucks)

---

① 美国康涅狄格州和纽约的四大卖场之一。

排名第 20 位的容器商店（Container Store[①]）

排名第 28 位的 QuikTrip[②]

排名第 33 位的驿站赌业（Station Casinos）

排名第 36 位的诺德斯特龙（Nordstrom[③]）

等等，零售和服务类企业纷纷入围。

反观日本，在近年来以大学毕业生为调查对象的各种"最受员工喜爱的企业"排行榜中，没有任何一家超市企业位列其中。不仅如此，连前十位都没能入围。

为何日本与美国的差距如此巨大？

我对其原因展开了调查，结果发现已有多位咨询顾问和评论家人士对此进行过分析。

从他们的分析中可以看出，"全美最受员工喜爱的 100 家企业"排行榜中，排名靠前的企业大都具备这样的特点："擅长培养忠实顾客（重点顾客）""员工素养高""员工培训课程完善""根植于本土""薪资奖金高"等。

但由于对此很难认同，所以我又进一步深入展开了调研。

结果意外地发现这些入围企业的"共同之处"。

那就是它们的"毛利率（额）高"的特点。

---

① 家居零售 O2O 公司。
② 位于美国俄克拉何马州塔尔萨的便利店连锁店。
③ 美国高档连锁百货店。

图表① 全美最受员工喜爱的100家企业（2008年）

1	Google	26	Stew Leonard's
2	Quicken Loans	27	SC Johnson & Son
3	Wegmans Food Markets	28	QuikTrip
4	Edward Jones	29	SAS Institute
5	Genentech	30	Aflac
6	Cisco Systems	31	Alston & Bird
7	Starbucks	32	Rackspace Managed Hosting
8	Qualcomm	33	Station Casinos
9	Goldman Sachs	34	Recreational Equipment, Inc. (REI)
10	Methodist Hospital System	35	TDIndustries
11	Boston Consulting Group	36	Nordstrom
12	Nugget Market	37	Johnson Financial Group
13	Umpqua Bank		
14	Network Appliance	89	Bright Horizons Family Solutions
15	W. L. Gore & Associates	90	PricewaterhouseCoopers
16	Whole Foods Market	91	Publix Super Markets
17	David Weekley Homes	92	Milliken
18	OhioHealth	93	Erickson Retirement Communities
19	Arnold & Porter	94	Baptist Health South Florida
20	Container Store	95	Deloitte & Touche USA
21	Principal Financial Group	96	Herman Miller
22	American Century Investments	97	FedEx
23	JM Family Enterprises	98	Sherwin-Williams
24	American Fidelity Assurance	99	SRA International
25	Shared Technologies	100	Texas Instruments

顺便问一下，各位觉得毛利润能达到多少？

排名靠前的超市企业的毛利率几乎全都突破了30%的大关，而且还都高于35%。

可谓是"利润丰厚"。

因为"毛利率"很高，而且"毛利额"丰厚，所以企业"能对员工培训进行投资"，还"可以为忠实顾客提供细致周到的服务"。

同时还"能支付给员工丰厚的薪资和奖金"。

顺便一提的是，韦格曼斯食品超市的平均年收益为"47775美元"（按1美元兑100日元的汇率，折合为478万日元），全食超市的平均年收益为"72894美元"（按1美元兑100日元的汇率，折合为729万日元）。

沃尔玛（WalMart）的平均年收益为"20563美元"（按1美元兑100日元的汇率，折合为205万日元），与上面两家超市相比相差很远。

与之相比，日本超市的平均年收益为"约313万日元"。

这与日本全行业的平均年收益"437万日元"相比，差了100万日元以上。

因此，我确信这就是"全美最受员工喜爱的100家企业"排行榜中超市企业排名靠前的原因。

为了大家的幸福，更要意识到毛利额的重要性

反观日本国内，超市却"并不赢利"。

不过，这里所谓的"赢利"，并不是指"营业利润"或者"税前利润（经常利润）"，而是指"毛利额"。

美国"最受员工喜爱的企业"排行榜中排名靠前的超市企业，可以称得上是"毛利率高，赢利能力强的企业"。

需要顺带一提的是，世界上所有行业中销售额最高的沃尔玛超市没能入围"2008年全美最受员工喜爱的100家企业"排行榜。

无论是家得宝（The Home Depot）还是塔吉特（Target）或好市多（Costco）都未能榜上有名。

由此可见，企业规模和"最受员工喜爱的企业"之间并无必然联系。

这说明，虽然无法成为第一大超市企业，但日本超市可以像美国企业那样，在"最受员工喜爱的企业"排行榜中名列前茅。

那么，为什么日本的超市毛利率低下呢？

在20世纪60年代，日本的超市为了迅速发展起来，在扩大规模的过程中只重视"销售额"和"营业利润"。

023

我也认为，在当时人口增长的大背景之下，这一发展模式确实是正确的选择。

然而，今后的时代与经济高速成长期的情况完全相反。

众所周知，"人口减少"、"老龄化带来的消费能力下降"以及"消费主力军向团块二代①转移"等现象已经出现。

这意味着，我们必须从以往的"销售额""营业利润"至上主义，向"毛利额"主义转变。

在此，我向各位提个问题：

"您的薪资是从哪里来呢？是顾客？是公司？还是销售额呢？"

正确答案是"毛利额"。

从财务及会计角度的计算公式来看，各位的薪资来自企业的"毛利额"。

当然，"毛利额"产生的根源，需要以顾客为中心，还要以成为优秀企业为必要条件。的确，销售额如果不能增长，毛利额就无从得到提升。

但是，我希望向超市的各位同行呼吁：

"为了所有人的幸福，希望你们能更有意识地重视毛利额。"

同时，我希望经营者和管理层的各位人士能更进一步意识到毛利润额的重要性。

---

① 日本1971年至1974年第二次人口爆发期间出生的一代人。

希望各位怀有一种使命感：为了这一自己为之奉献一生的企业以及所处的行业，通过自己的双手来"提高行业的社会地位"。

我认为，如果我们不这样做，整个日本将无法向好的趋势发展。

我之所以这样认为，也是因为拥有丰富资源和劳动力资源的新兴国家（以金砖国家为主）今后将成为"世界的引领者"，这毋庸置疑。

因此，在资源匮乏且劳动力减少的日本，今后必须实施的政策只能是"扩大内需"。

扩大内需政策的一大支柱必将是"超市"的繁荣。

为此，超市必须提高毛利额。而且，必须努力提高超市在"最受员工喜爱的企业"排行榜中的排名。

我现在正是怀着这种使命感投身于自身的工作。

的确，可能也有读者会对此存有不满，认为"过于强调赢利的这一说法"。

但是，我感觉，如果不频繁提起这一说法，各位或许不能意识到"毛利额"的重要性，所以刻意反复多次在文中提及。

在第 1 章以后的章节中，我将不会再反复提及"赢利"这个词，不过，从第 1 章开始到最终章所撰写的内容都和这个词密切相关，这一点请各位务必知晓。

那么，我们接下来就进入"超市蓝海战略"的正文部分。

第 1 章

蓝海性质的"市场分析"

——锁定"中流之上"和"中流之下",
　争取"中流之中"

"诞生于前一个时代的哲学,会成为下一个时代的常识。"

美国牧师亨利·沃德·比彻

(Henry Ward Beecher)

"不去实体店消费"的一代人在增多

消费主力军从"团块世代"[①]转移到了"团块二代"。

我在拙作《超市新常识1：有效的营销创新》中也曾提及这一点。

对于这一变化的解读，是理解"蓝海战略"的大前提。

请先看一下这里的两个"人口金字塔"。

图表②为1995年日本男女人口结构占比，图表③为2020年日本男女人口结构占比预测（日本总务省）。

这两个图表的共同点在于，位于人口金字塔顶端的人群年龄都分布在45岁到50岁之间。

图表②中呈现的是，在日本泡沫经济破灭4年后，年龄在45岁到50岁之间的人群属于团块世代。

人们还普遍认为，日本之所以发生经济泡沫，是由于当时的团块世代正处在40岁到45岁之间的年龄段，而且他们的消费能力和购买能力都达到顶峰（收入和支出都在增加的一代人）。

泡沫经济破灭后，当出生于团块世代之后，曾处于波谷期的一代人再次达到消费能力和购买能力的顶峰时，经济形势又

[①] 日本1947年至1949年第一次人口爆发期间出生的一代人。

图表②　1995年日本男女人口结构占比

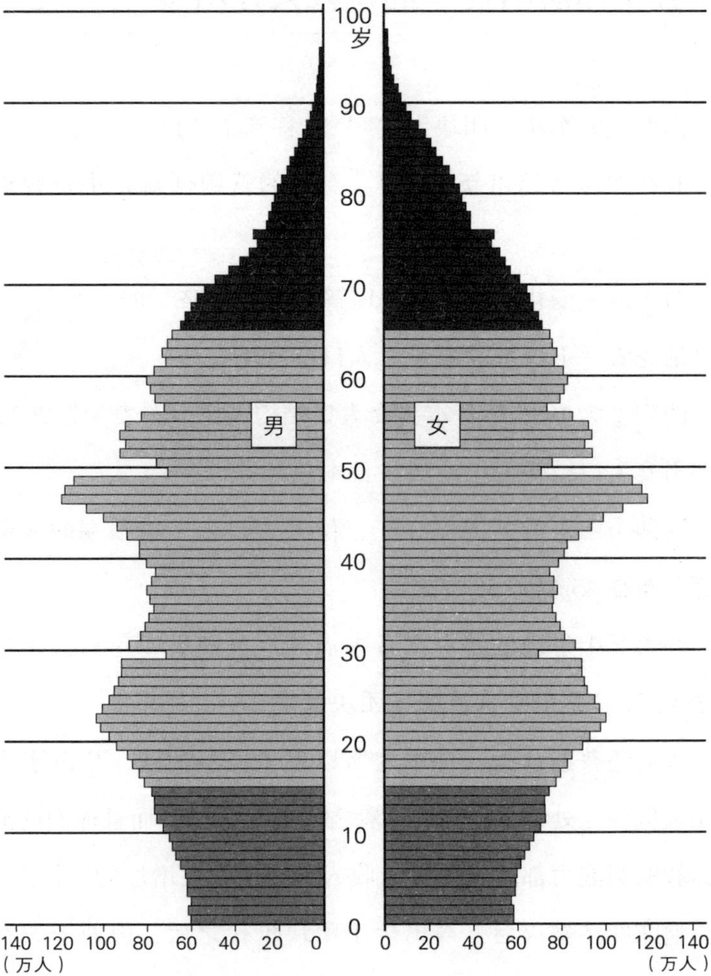

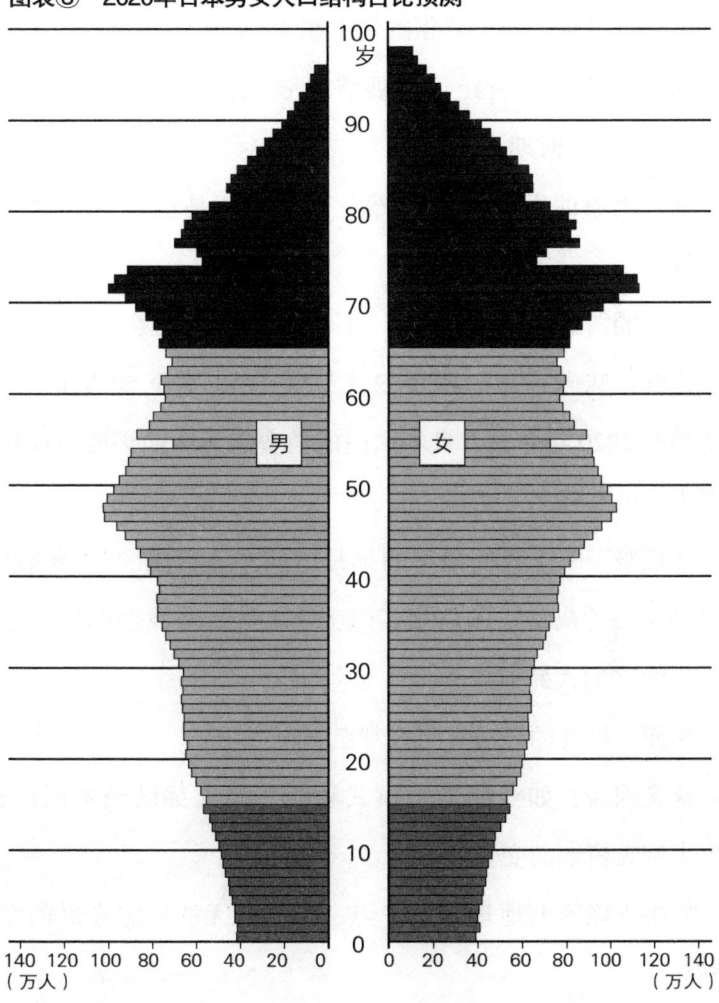

图表③　2020年日本男女人口结构占比预测

开始急剧恶化。

图表④为 2005 年美国人口金字塔。从图中也可以看出，位于人口金字塔顶端的人群年龄集中在 40 岁到 50 岁之间。

这一时期的美国经济发展势头强劲，当时正处于所谓的"房地产泡沫"时期。

这一现象的发生是"偶然"的吗？还是说它是一种"必然"呢？

我一厢情愿地认为，这是一种"必然"的现象。

这就意味着，等"团块二代"到了 45 岁至 50 岁的时候，也就是在 2020 年左右，日本国内的消费能力和购买能力或许又将迎来一波高峰。

虽然眼下映入我们眼帘的尽是诸如"人口减少""老龄化"等"前途一片灰暗"的信息，但实际上等待着我们的是"前途一片光明"的大好前景。

然而，以往的做法在当今却已不再适用。

这是因为，如今的消费模式和购买模式都已经不同以往，发生了翻天覆地的变化。

如果不能透彻地理解这一点，我们就无法制定今后的发展"战略"。

那么，消费模式和购买模式都具体发生了怎样的变化呢？

一言以蔽之，就是"不去实体店消费"的一代人在增多。

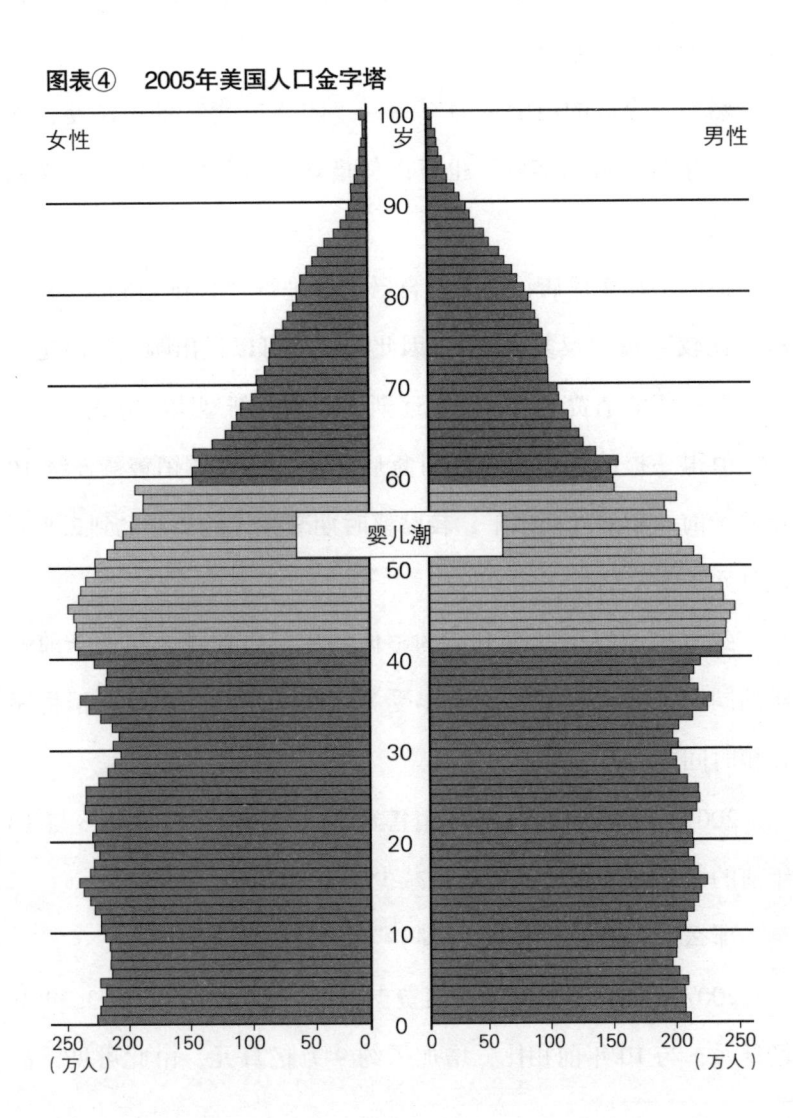

图表④　2005年美国人口金字塔

团块世代的做法是，一定要亲眼确认实物，在"仔细斟酌"并"反复思考"后才会购买。

然而，今后的消费主力军——"团块二代"的做法是，即使不"亲眼"确认实物，也可以凭借切实可靠的"信息"来购买商品。

他们不在实体店，而是在自己家里进行"仔细斟酌"，并且边"比较"边"反复思考"，因此很快就可以做出购买的决定。

新一代的消费主力军正在逐渐适应这种新型购物方式。

值得一提的是，2007年百货店和超市的整体销售额连续10年低于前一年的同期水平，较鼎盛时期减少了约2万亿到2.8万亿日元。

到2007年为止，便利店的整体销售额也连续8年低于前一年的同期水平（不过，2008年受TASPO①发行的影响，销售额在短时间内回升）。

2007年，零售业的整体销售额为135.08万亿日元，与10年前的鼎盛时期相比，竟然也减少了10.22万亿日元。

那么，真的是消费减少了吗？"事实并非如此。

2007年，日本民间最终消费支出（各项明细）为293.39万亿日元，与10年前相比，增加了约9万亿日元，由此可见，消

---

① TASPO为日本香烟管理身份卡，成年人可凭借此卡在自动贩卖机上购买香烟。此举是日本政府为防止未成年人吸烟而推出的。

费未减反增，整体上呈现出稳步增长的态势。

如果再加上零售业流失掉的那 10 万亿日元的份额，就意味着这 10 年里确实是有高达 19 万亿日元的消费消失在了某些方面。

消费者已具备"消费行为合理化"

那么，这 19 万亿日元都流向哪里去了呢？

它们都流向了"非实体店"购物。

我举个最简单易懂的例子说明一下。比如，与 10 年前相比，"实体书店"数量减半。

然而，另一方面，以日本亚马逊为代表的网上书店在以超过两位数的增长势头不断发展壮大。

日本亚马逊 2007 年度的销售额几乎与日本"实体书店"巨头纪伊国屋书店持平。

这些变化不过发生在短短的几年之间。我认为，用一句话概括，这一现象就是"消费者成本意识的萌芽"。

以往的做法是，人们参考报纸促销海报，来决定去哪家店购买便宜货，比如"买鸡蛋就去 A 店""B 店今天鱼肉切片打折，去 B 店买""C 店正在搞肉馅优惠活动，去 C 店买"等，像这样进行"货比三家的消费"。而现在人们已经开始认识到这种消费方式实际上是一种"浪费"。

其实也很好理解,因为超市方面在近 10 年到 20 年的时间里,一直在物流、销售以及管理等方面推动"合理化"进程,所以消费者的消费习惯也随之向着更高层次转变,开始具备消费行为的"合理化",这一变化的发生是理所当然、不足为奇的。

如果不能理解这种转变,我们就无法对今后的超市发展战略进行探讨。

当然,话虽如此,但不意味着我们马上就得朝着"网上销售"和"网上超市"的方向进军。

我们需要探讨的是,面对将"时间"和"精力"都纳入考虑,并已经具备了"成本意识"的消费者,实体店方面今后应采取怎样的对策。

一想到这些,您的脑海中是不是会涌现出诸多疑问?

·报纸促销海报上罗列出的"低于成本(赔本)"商品真的行之有效吗?另外,有必要这么做吗?

·仅凭推出每日主推商品和短期特价促销活动真的就行吗?

·仅靠面向老年人推出的"送货上门服务"真的就可以吗?

·以总部为主实施的"整齐划一"式商品策略和店铺运营真的合适吗?

· 采用只表示商品名和价格的 POP 广告真的有效吗？

"隐形家庭"的登场和扩大

如今，随着消费者逐渐养成节省时间和精力的成本意识，"隐形家庭"也在急剧增多。

所谓"隐形家庭"是指"看不见的大家庭"。

这种家庭的特点是，祖父、祖母虽然实际上与儿子或女儿一家不住在一起，却彼此住得很近。

这种家庭模式现在越来越普遍。

祖父属于"团块世代"，退休以后，拥有大把的空闲时间而不知如何打发。

即便如此，他也不可能总是与老伴独享二人世界。

这是因为，一直以来被祖父因忙于工作而冷落的祖母已经拥有了"自己的生活圈子"。

于是，祖父只能转而代替儿子或女儿夫妇，帮忙照顾孙辈。

不仅祖父，就连祖母也加入进来照顾孙辈，老两口还要负责购物，并苦口婆心地劝诫自己的儿女们："你们两口子就好好去工作。为了你们以后的日子和孩子要好好打拼，今后要用钱的地方还多着呢……"

这样一来，祖父和祖母的夫妻关系也变得越来越融洽，"熟年离婚"的现象自然就不复存在了。

这种"新型的3代1户"的家庭模式正在逐渐形成。

它是在传统的"日本型家庭制度（3代同堂）"基础上衍生出的新型家庭模式。

据说，现在60岁以上购买"家庭用车（微型面包车）"的消费者非常多，这也正印证了这一家庭模式的普及。

如果没有理解这一"无形家庭"模式，可能会犯下后果极其严重的错误。

比如，有"老龄化社会=（商品的）少量化"这一想法。

各位有必要先去调查一下，看看自己的店铺是否位于这种"隐形家庭"较多的地区。

如果"隐形家庭"所占比重较高，就意味着存在"商机"。

这并不是说老年人多，就可以一味去追求商品的"少量化"。

这里所谓的"商机"是指，老年人在购物时也会捎带购买儿子或女儿一家人的份，因此反而是"大容量"的商品更加畅销。

另外，这种"隐形家庭"较多的地区往往会在"节日活动"时开销较大。因为这样的地区具有"少子化"且"钱包多"的特点，所以像"圣诞节""女儿节""儿童节"等节日活动都过得很热闹。

因此，只要全力以赴地投入到"节日活动商品企划"的制定中，就可以获得来自顾客的"打赏"。

由此会发生所谓"爆炸性"的节日活动。

"年迈的父母和不结婚的子女"的家庭在增多

原先在日本的超市行业中，有一条以生鲜部门为中心开展的商品分量设定原则，被称为"2-3 原则"。

该原则规定"每件商品要按照 2 人份到 3 人份的分量来设定"。

这一原则诞生的背景是，"迄今为止"的"标准家庭"是"由夫妻加上 2 个孩子组成的家庭"。

然而，根据内阁府的《国民生活舆论调查》，现如今这种"标准家庭"完全没有实现增长，反而是从 20 世纪 80 年代起一直呈递减的趋势。与之相反，"单身家庭"增长迅猛，与 1955 年时相比，其数量增加了约 23 倍（与 1980 年时相比，也增加了近 2 倍）。

在日本经济高速成长期，由于占所有家庭一半以上的就是这种"由夫妻加上 2 个孩子组成"的"标准家庭"，因此"2-3 原则"刚好符合这种家庭构成的特点，也符合家庭的需求。

然而，内阁府曾预测，2010年，"由夫妻加上2个孩子组成"的家庭在所有家庭中所占的比重将低于30%。

如果不能了解这一事实，就会导致生鲜部门在商品的分量设定上判断错误，不仅无法提升销售额，还会因商品的打折和报废而产生巨大的"损耗"。

此外，我们还应该注意的是，"单亲家庭"与独居家庭同样呈现出逐渐增加的趋势。

各位看到这里也许会立刻感慨道："离婚家庭真的是越来越多了啊……"

然而，事实上，这里的"单亲家庭"是指，"由年迈的父亲（或母亲）和不结婚的子女组成"的家庭。

随着"30岁到49岁的未婚人士"急剧增多，所谓"家族中剩男剩女生活"这样的家庭正在逐渐增多。

除此之外，膝下无子的"仅由夫妻2人组成"的丁克家庭也在增多，与1980年相比，其数量增加了2~3倍之多。

因此，我们今后不仅要满足传统"标准家庭"的分量设定，还必须采取对策来应对"单身食品"。

这一现象，在超市的现场自然是"越来越明显"。

比如，"精致美食（熟食）的销售额增加"和"刺身拼盘的销售额下滑"这些现象的出现。

然而，如果商家只是单纯考虑"单身食品"，那么减少商品分量必然会使"一份单价"下滑，从而导致超市"无法赢利"。

那么，该如何应对呢？

我们应该下大力气投入到那些"少量但美味，而且有价值的商品"的开发中去。

"由年迈的父亲（或母亲）与剩男剩女组成"的家庭和"仅由夫妻2人组成"的家庭实际上收入都很高，而且具有可支配收入较高的特点。

也就是说，只要商品有"价值"，即使售价稍微高些，他们也会购买。

如实"显现"这一倾向的，就是大城市中所谓"百货地下食品馆的消费（购买）"。

因此，我希望，超市的各位采购人员能够抛开"在应对单身食品上，首先考虑价格的实惠感"这一传统观念。

在新商品开发方面，采购人员今后要不断发掘出"有价值的商品"，而不是"价格的实惠感"。

之后的工作，就是如何将商品的"价值"实现"可视化"。

"成功的关键在于不迷失目标"（比尔·盖茨）

有个词叫"一亿总中流"。

我想每个人都对这个词有印象。

它曾经是经济高速成长期的日本人生活的象征，但现在正在逐渐退出历史舞台。

的确，迄今为止，约有60%的人曾认为自己属于"中流之中"。

然而，根据日本内阁府的调查，近年以来，这种"中流之中"的意识越来越薄弱。

另一方面，认为"自己属于中流之下或者下流"的人，以及认为"自己属于中流之上或者上流"的人都在增多。

从这项调查还可以看出，所谓"阶层分化社会"已经形成。

这意味着，今后我们需要以那些与日俱增的自我定位于各种阶层的人为中心来考虑战略，而其中一直位居主流的"中流之中"的人群也更需要我们去争取。

曾经作为日本经济高速成长期的象征性存在的汽车——丰田汽车CORONA已经在2010年停止生产，这正印证了上述事实。

在零售业方面，大创（DAISO）的百元店所采取的战略是：在将目标客群定位为自认为是"中流之下+下流"人群的同时，也将"中流之中"和"中流之上+上流"的人群囊括在内。

此外，"时尚中心Shimamura"和"优衣库"也凭借相同战略大获成功。

相反，"蔻驰（COACH）"等则以"触手可及的亲民奢侈品（轻奢商品）"为战略，锁定"中流+上流"人群为目标客群，同时将自我定位为"中流之中"和"中流之下+下流"人群也囊括在内。

像这样，以今后越来越多的目标客群为主构思战略，将以往一直居于主流的"中流之中"的人群囊括在内的战略，或许将成为今后的成功战略范本。

以"中流之中"目标客群为主流的综合超市的衣料商品全军覆没，已经印证了这一点。这种现象已经实际发生，而且危险正在悄然逼近食品行业。

理解这一现实，"重新规划目标客群的定位战略"将成为今后我们回避"红海"市场模式的要点。

将"经济高速成长期的商品企划思路"一意孤行地贯彻下去，是造成"红海（竞争极端激烈的市场）"的原因。

"成功的关键在于不迷失目标。这是微软公司的创始人比尔·盖茨的名言，也是我最喜欢的一句话。

"眼下"不正是最好的时机吗？

如果我们迷失了"目标"，那将真的导致"无法赢利"。

"即使我们开了新店，竞争店也不会采取任何行动"

还有一个不能迷失的"目标"。

那就是"要重视老店的升级改造，而非新店的开设"。

可以想见，在遭遇所谓百年一遇的未曾想象过的经济大萧条后，日本国内将以出口产业为主推进企业的并购事宜（吸收和合并），朝着集约化方向发展。

这也意味着，日本今后将会逐渐将生产基地从国内向人力成本较低的国家转移。

所以，以制造业为中心，"工厂遗址"等闲置用地将会不断地涌现出来。这正是超市开店的大好时机。

之后要做的就只有成本交涉，以及销售额、收益的预测。

对于超市店铺开发负责人而言，自然会认为"这一萧条时期是绝佳的时机"。

也许，今后会接连不断地涌现出以往无法比拟的"大型土地和建筑"吧。

然而，一旦因新店开业而犯下错误，就等于是"给企业带来致命一击"，这也是事实。

日本的超市毛利率较低，因此收益结构比较脆弱。

况且，超市也不同于药妆店和专卖店，开店成本相差很远。

因此，如果新店开业失败，"原有店"的"赢利"就会瞬间不复存在。所以，店铺开发负责人今后的工作，较之于寻找用地和建筑，更应发挥出"调整作用"，也就是说，该如何对经营层基于"K·K·D"所做出的决定进行制约，将会变得越发重要。

"K·K·D"的含义是，第一个K表示直觉（日语发音为kann），第二个K表示经验（日语发音为keikenn），D则表示气魄（日语发音为dokyou）。有时还会带上一个H，表示气势（日语发音为hattari）。

那么，所谓"适合开店的选址如雨后春笋般地涌现出来"反过来也意味着原有店之间的"互相竞争"将愈演愈烈。您明白其中的道理吗？

所谓开店，如果光从"进攻"（offense）的维度来看，意味着"商业机会"，而从"防守"（defense）的维度来看，则意味着将形成"竞争激化"的环境。

商业活动也和团体性体育运动一样，在"进攻"和"防守"的你来我往中决定胜负。

商业活动也是同样，如果不能消化平衡"进攻"和"防守"双方的力量，将会"功亏一篑"。

"进攻"是快乐而有趣的。创意也会随之大量涌现出来。

然而,"防守"既难过又痛苦,创意会枯竭。

我认为,正因为如此,在这一前所未有的萧条境况中,"店铺升级改造战略"才显得尤为重要。

因为原有店的升级改造的"性价比"非常高。

新店开业时,可以简单地做出"预测",而若论及是否真能按其预测发展的话,则另当别论。

不管怎样,日本的超市调研(开店可行性调研)的基本条件是,"即便我们开了新店,附近的竞争店也不会采取任何行动"。

经常有人带着这样的问题来请教我:"让人做了市场调研(开店调查),结果得到的是这样的销售额预测,你怎么看?"

我总是会这样问上一句:

"这个预测得出的前提是附近的竞争店铺不采取任何对策吗?"

要挑战销售额吗?目的是改善收益吗?

每当这时,经营者和店铺开发负责人都会大吃一惊。

事实上,当我还就职于前一家咨询公司时,经历过海量的

"营销调研",也很清楚该预测和"K·K·D·H"之间的紧密关系(当然也有很多优秀的调研公司)。

我想要强调的是,正因为如此,在这一大萧条情况下,公司为了持续获得收益(赢利),并不应贸然开设新店,而是应建立热销率(成功率)较高的"店铺重新装修"战略,这点至关重要。

首先,通过激活那些可控制的老店而非新店,来寻求收益能力的提高。

这里有一个要点。

老店升级改造的目的是"提高赢利能力"。

然而,说到老店的升级改造,其动机包括"店铺已经有年头了,也到了重新装修的时候了吧?""旁边有地方空出来了,我想把店面扩大一下""竞争店铺要开在附近,我的店也有些年头了,想稍微重新装修一下"等。

不知道为什么,大多情况下都不以提升"赢利能力"为大前提。

如果是属于上述动机,是绝对无法提升"赢利能力"的。

实际上,以"提高赢利能力"为目的持续性开展升级改造的话,还是有可能摇身一变,成为非常"赚钱的公司"的。

图表⑤是"商人传道师流派的升级改造流程"。

最大的要点是,"明确升级改造目的"和"明确销售额目

图表⑤　商人传道师流派的升级改造流程

```
明确升级改造目的
        ↓
明确"销售额目标"          ── 店铺形象
        ↓                 ── 店铺布局
制定"升级改造的计划" ──┤  ── 新设备引进
        ↓                 ── 挑战新事物
                          ── 投资额
收益性分析（模拟）   ──┤  ── 资金周转率
        ↓                 ── 收益性
                          ── 经营效率
开启3个方面的升级
        ↓
┌───────┼───────┐
意识的升级  商品的升级  店铺的升级
└───────┼───────┘
        ↓
通过成功升级来达到较高的收益性和竞争力
```

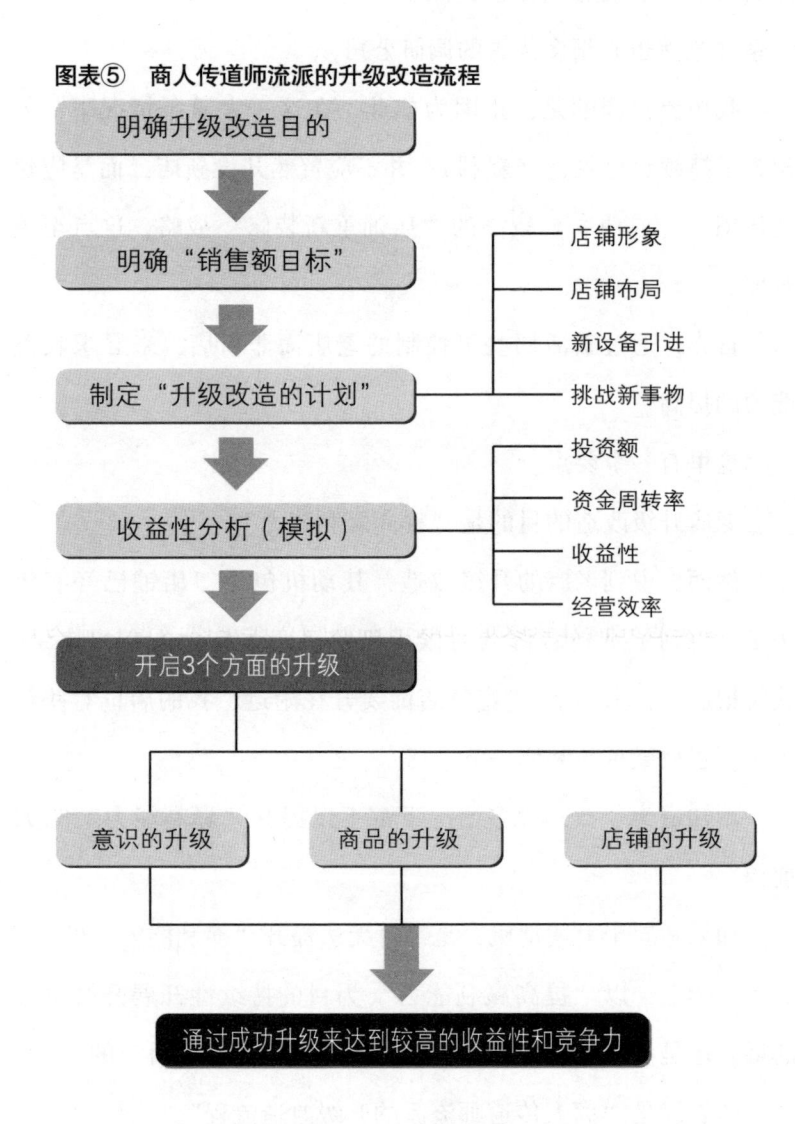

标"。

我在升级改造时尤其重视的是后者。

"您想凭借该升级改造创造多少销售额？

"您想凭借该重新装修达到多少赢利？

"您在该升级改造中，除了在数字上赢利外，还有什么其他的目的？"

我经常会向考虑升级改造的经营者抛出上述"提问"。

因为，如果对"目的和目标"不加以明确，"升级改造"就会从手段变成目的。

所以，"性价比"就会很低。

"您是为了什么而升级改造的？

"您是想凭借升级改造挑战销售额吗？还是以改善收益为目的呢？

"您想在升级改造后提高多少收益呢？"

加深对于上述问题的认识，并将其贯彻到所有员工中尤为重要。

"这次的升级改造是为了打造本公司的旗舰店而实施的。

"为此，我们想将现在年销售额为 15 亿日元的店铺打造成 20 亿日元以上。

"同时，在毛利额至上主义的口号之下，我们力争将毛利率提高 2 个百分点，并将店铺层面的销售利润提高到 4% 以上。"

诸如上述内容，明确具体的"目的和目标"，并将其明确告知（积极宣言）给所有员工是极为重要的。

这样一来，由于目的变得明确，所以在其"方向性"的指引下，所有员工会开始行动起来。

升级改造会成功还是会失败，这"一线之隔"的差别就缘于是否让员工清楚地意识到了升级改造的"目的和目标"。

同时，当员工意识到了目的和目标之后，关键要树立"3个升级"的理念。

这是我从客户方——高知县"Sunshine 连锁总部"的商谈负责人竹岛宽（前专务董事长销售本部长）身上学到的经验。

当该公司开设新店和老店升级改造时，都会同步深入开展"3个升级"，树立起"构建充满工作热情的集团企业"理念，贯彻"如升级改造的话，就以超过130%的销售额为目标"，从而取得切实成效。

这"3个更新"的内容具体如下：

①店铺的升级（硬件）= 陈旧老店没有竞争力

让经营层、采购人员、店长和全体主管，从店铺设计和制定店铺布局方案的阶段就参与到店铺的重新装修过程中。

彻底培养全体员工对店铺经营的参与意识，自上而下的时代已经过去，现在是自下而上的时代。

这种管理模式的转变是为了让全体员工都能清楚地意识到自己的责任感："我们是这家店铺的主人。"

所以，店铺设计师和店铺开发负责人在每一次新店开业和重新装修中要调整店铺布局约 20 次，这种做法就变得理所当然。

各位的企业也是这样频繁地对店铺布局进行调整的吗？

有没有被店铺设计师和设计者牵着鼻子走呢？

②商品的升级（软件）= 经营理念、商品力、待客服务等

经营层将"目的"和"目标"明确告知（积极宣言）以全体采购人员为主的店铺的员工，由此让全体采购人员和员工都能意识到其目的和目标。

所以，他们会就商品力、卖场打造、销售方法以及待客服务等内容提出相关企划，不断地发起"对新事物的挑战"。

因为，如果他们不这样做，就无法实现经营层所宣布的"目的"和"目标"。

③意识的升级（人的软实力）= 员工与时俱进的程度（想法）、意识改革

让新店和重新装修店铺的员工（包括正式员工、小时工和兼职员工在内），在 7~8 天里用约 30 个小时参加深度"头脑改造"学习会。

相扑运动也重视"心灵（人的软实力）""技能（软件）""体能（硬件）"的充实。它也是一种"意识改革"或"头脑改造"。

这是基于以下想法，即：无论是什么样的好店或者多么好的商品，如果没有"灵魂"，就会沦为单纯的箱子（店铺）或滞销商品；同样，如果店铺只是"虚有其表""名不副实"，"店铺重新装修"的努力就会收效甚微。

所以，为了使所有员工都能意识到"目的和目标"的重要性，要将公司的想法，本次开店和重新装修的目的不厌其烦地向他们反复强调。

以上 3 点正是 Sunshine 企业迅速获得"奇迹的 Sunshine"美誉背后的秘密。

我认为以下两点可以决定全局走向："80%的胜负走向取决于事先准备和作战部署"及"明确的目标设定和实现目标的坚定意志力"。

正因为我们处于前所未有的萧条局面，所以这种"升级战略"显得更为重要。

经济萧条与"附近有竞争店开业"的结果一样

重新装修陈旧老店后，通过前文所述的三位一体的更新，"增加流量""提升销售额"，使老店"收益进一步提高"。

这在被称为"百年一遇"的经济大萧条局面之下是必要的。

在"通货膨胀"时期，商品的品单价会提高，销售量则下降。

在"通货紧缩"时期，商品的品单价会下降，销售量则提高。

同时，在"经济萧条时期（经济低迷）"，由于支持率下降，无论是商品的品单价还是销售量都会随之下降，出现三重下降现象。

这样一来，局面会变得怎样呢？"销售额会下降吗？"

不对。应该说"销售额会大幅下降！"。

支持率 5% Down × 品单价 5% Down × 销售量 5% Down = 85.7%

支持率 10% Down × 品单价 10% Down × 销售量 10% Down = 72.9%

因此，我们只有建立避免此类情况出现的对策，才能确保达到"死守利润"的目的。

各位请思考一下。如果销售额下降10%，而销售额中的经费占比为20%，那么销售额中的经费占比将提高约2%。

但是，对于这种情况，实际上各位可能之前都有过一两次的经历。

这和附近有"竞争店"开业时的情况是完全相同的。

也就是说，"竞争店开业＝支持率Down×品单价Down×销售量Down"。

这意味着，当出现所谓经济萧条和不景气时，俨然就像"在店铺门前出现了一个'看不见'的竞争对手"。

相当于在零售业所有企业的面前都出现了竞争店，而且距离极近。

所以，任何一家企业都会制定有关竞争店的对策。如果还沿用"价格竞争"这种"红海"模式下的作战方法，其结果可能就会演变成商品单价下降、销售额被进一步拉低的"极端局面"。

因此，这种情况下我们应该采取的是应对经济萧条和不景气这一"看不见的竞争店"的"蓝海营销战略"。当我们实施并贯彻这一战略，直至改变这种不利局面时，就能将"具有压倒性优势的当地第一店"这枚响当当的勋章拿到手了。

有关该"蓝海营销战略"，我将在第3章展开详细说明。

第 2 章

蓝海战略的"基本内容"

——"市场调研"和"目标可视化"

"很多人都期待金牧师（马丁·路德·金）和圣雄甘地的复活。

然而，他们都已经不在人世。

我们普通人也能成为像他们一样的存在。

也就是说，事在人为。"

密西西比州首位女律师
玛丽安·怀特·埃德尔曼
（Marian Wright Edelman）

聚焦"差异可视化"的市场调研

蓝海战略的"基本内容"。

它包括充分挖掘自身优势的"市场调研"和灵活运用收支报表的"目标可视化"两大方面。

"市场调研",即所谓的"竞争店调查和分析"。

这既是"竞争店对策"的常规内容,也是自家店"激活店铺"的常规内容。

因此,在面向店长出版的书籍中,必然会涉及"市场调研"的方法。

如果将各种书籍中所阐述的"市场调研"的内容加以归纳整理,可以以图表⑥的形式呈现出来。

如果基于这种内容去进行"市场调研",并根据调研分析结果采取相应对策,会怎样呢?那就会变成"红海"模式的延续。

事实上,我之前也没能摆脱传统观念的束缚,直到四五年前还一直在鼓励推行这种传统的"市场调研"方法。

"总之,对于那些在竞争店的黄金位置所销售的商品,我们务必价格更低才行。

"竞争店以大排面销售的商品必然是畅销商品,所以本店也

图表⑥ 传统的"市场调研分析"

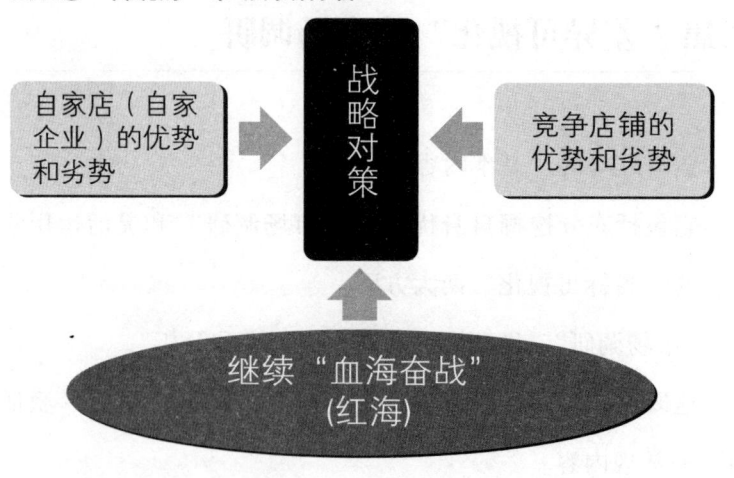

```
自家店(自家           战略         竞争店铺的
企业)的优势    →     对策    ←    优势和劣势
和劣势                
                      ↑
              继续"血海奋战"
                   (红海)
```

必须扩大排面销售。

"本店全部要照搬竞争店的服务内容。这样可以压制竞争店铺的优势。"

等等,都是我提供给客户的咨询意见。

实际效果又是如何呢?

销售额倒是有所回升,或者有较大增长,但最关键的毛利额却大幅下滑。

说起来有些惭愧,我之前一度建议客户采取这种传统的市场调研方法。

然而,后来发生的一件事让我意识到,自己之前给出的建议是完全错误的。当时，一家客户企业决定进行店铺的升级改造，这一决定事关该企业今后的命运，而我正处于为其制定重要发展战略的紧要关头。

由于该企业的竞争店是一家生意极旺的店铺，如果与竞争店采取相同战略，该企业将毫无"胜算"可言。

于是，我开始展开思考。

如何实现该企业与那家旺店在"差异"上的可视化，为了聚焦实现这一点，我展开了"市场调研"。

然后，我在"市场调研"的基础上，建立了该企业的"店铺战略"。

结果如何？现在，该企业的店铺已经"脱胎换骨"，不但与之前曾完全无法匹敌的竞争店铺势均力敌，甚至还处于明显的优势地位。

从那一刻起，我的"市场调研"方法的指示和指导内容都开始发生了转变。

我将其命名为"蓝海模式的市场调研法"（图表⑦）。

请各位先不要对此表达否定意见："我们可做不到！"

该调研法包含4个要点。

①强化自家店（自家企业）的"优势"

如果采用传统的市场调研分析法，由于"标准"是按照竞

图表⑦　蓝海"市场调研分析"

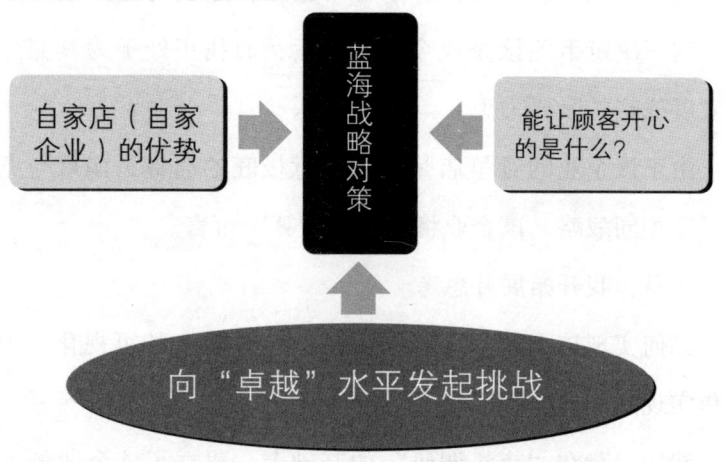

```
自家店(自家        蓝海        能让顾客开心
企业)的优势  →   战略   ←    的是什么?
                 对策

         ↑
    向"卓越"水平发起挑战
```

争店来设定，所以通过分析，越是采取对策，越会导致"同质化竞争"（图表⑥）。

因此，我改变了市场调研的"标准"。

首先，通过传统的市场调研分析，深入挖掘"自家店的优势"。

然后，接下来的要点是，将标准从以往的"竞争店"改换成"顾客"。

需要我们找出"能让顾客开心的是什么？"。

找出能让顾客感到开心的自家店的优势所在，将其作为一项"战略和对策"，并落实到位。

然后，全面强化这一"战略和对策"。

这样一来，自家店与竞争店之间的"差异"就会变得明确，从而达到"有个性""顾客口碑不断发酵"的，具有"卓越"水平的店铺。

②标准始终不过是一种"理想"

图表⑧是对图表⑦内容的扩充。

图表⑧ 战略可视化

<自家企业（店铺）>
- 理念
- 奠定基石
- 资金实力
- 人财实力
- 采购实力
- 商品企划实力

→ 战略（方向性）可视化 ←

<顾客的好感度>
- 从"影响顾客好感度的重要因素"中选择选品、低廉、鲜度、品质、服务等
- 不要拘泥于具体的数字，不能见木不见林，要把握全局！

↓

找寻能打造出卓越水平的选项

您是不是觉得纳闷，为什么只挖掘"自家店的优势"呢？

这是基于"每家企业都拥有其自身的思想和文化"的这一经营思路。

就像人们有自己的性格一样，企业也有其长年累月构筑起来的"理念""思想""文化"。

不同之处在于企业的特性会使其成为"劣势",然而这些积淀就像DNA一样,已经在企业(身体)内部根深蒂固,因此很难进行强化。

所以,企业需要彻底挖掘自身的"优势"。

"理念"——再一次思考自己公司拥有怎样的理念。
"奠定基石"——这家店铺获得了怎样的评价?
"资金实力"——是否具有可以升级改造的资本?
"人财实力"——作为"人力方面的财富"的优势是什么?
"采购实力"——作为"采购"的优势是什么?
"商品企划实力"——其他方面,自家企业的"特点"是什么?

从各种不同的角度来挖掘自身优势,就能越发清晰地看到自家店(自家企业)的"闪光点"。

然后,下一步是挖掘"影响顾客好感度的重要因素"。

标准始终不过是一种"理想"。

对于"选品""鲜度""品质""低廉""服务""卖场交通便利性""购物环境"等各方面,按照"如果我们能达到这种状况和状态,顾客的好感度会有很大提升",这样的标准来找出影响顾客好感度的重要因素。

这里值得注意的是,各位绝对不要轻易打退堂鼓,上来就说"我们可做不来这个!"。

要坚持不懈地找出能提升顾客"好感度"的店铺理想状态。

这样一来,各位就会意外地发现,"自家店(企业)的战略"会变成有形可视化的效果呈现出来。在各位脑海中就会浮现出自己心中所期待的"理想店铺"的形象。

我称之为"形象化",理想店的形象越鲜明,就越容易成为现实。

这是因为,各位通过"形象化"在脑海中所勾勒出的理想店的形象,不会超出自身可达到的能力水平。

所以就"有可能实现"理想。

尽量通过"一张纸"让全体员工把握店铺战略

③创造"唯一的价值"

人由于欲望驱动,就会试图将"劣势"变为优势。

然而,这样一来,从顾客的立场来看,就会看不到店铺之间的"差异"所在。

一个代表性案例就是综合性超市。其表现为,在各方面都力求做到"平均分"以上。

所以它失去了自身的特色。

虽然综合性超市成了"第一"的店铺，却完全失去了顾客的支持。

与之相比，附近的"旺铺"超市，仅从"鲜度""低廉""购物环境"这几个方面来看，就已经处于绝对优势的地位。其他方面则处于"平均分"以下。

但顾客对于它的评价却超过综合性超市，认为它"各方面都做得很好"。

您看明白其中的道理了吗？

总之，我们需要将"优势"的标准全面提升到竞争店所无法匹敌的水平（杰出水平）。

这就是所谓的"唯一的价值"。

这样做的话，从顾客的立场来看，就会觉得店铺"各方面都做得很好"。

④ "战略（价值）画布"的框架

接下来企业必须展开的工作是将市场调研的分析结果以"有形"的形式展现出来。

图表⑨是我冥思苦想出来的"战略（价值）画布"。

目的是实现"员工意识的共享与统一"。

这是非常重要的。

第 2 章 | 蓝海战略的"基本内容"

图表⑨　"战略画布"的框架

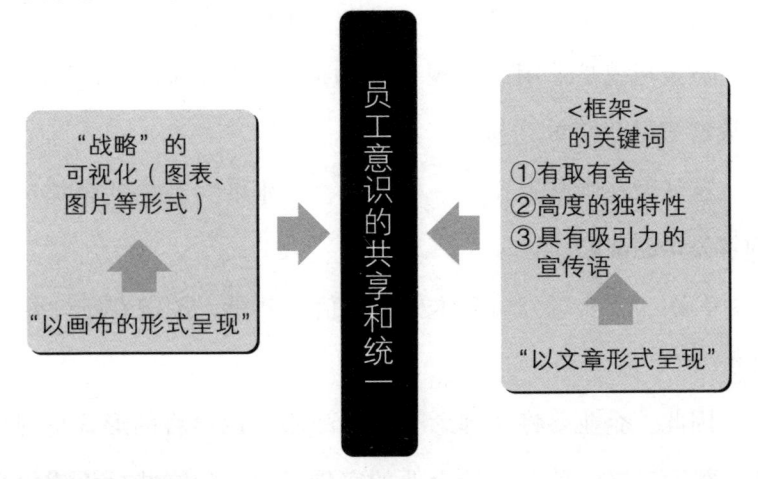

"战略"的
可视化（图表、
图片等形式）

↑
"以画布的形式呈现"

→ 员工意识的共享和统一 ←

<框架>
的关键词
①有取有舍
②高度的独特性
③具有吸引力的
宣传语

↑
"以文章形式呈现"

战略画布的概念

将竞争店与自己店的战略特点以曲线图表的形式直观绘制出来（战略曲线），并对影响竞争的重要因素"有取有舍"，采取"独特性"战略，从而绘制出明确的战略。

<优点>
1）一目了然，简单易懂（优势和劣势）
2）竞争店的战略清晰可视
3）可实现战略共享

<影响竞争的重要因素>
●价格（便宜）　●美味（品质）　●销售方法　●选品
●卖场面积　●购物氛围　●鲜度　●交通　●待客服务　等

"上述内容也是影响顾客好感度的重要因素"

065

只要公司全体员工能理解"战略",并通过"语言"实现共享,就可以使全员的意识达到共享,实现统一。

这里运用了"脑科学"领域的"框架"这一技巧。

该技巧就是采用"可视化"的形式,将人们认为"困难"的战略变得"简单"易懂。

这就像在画布上作画一样,用"一张纸"就能让全体员工理解公司的战略。

其次,要实现公司全体员工的信息共享,关键在于"语言的统一"。

因此,企业要将"理念"和"战略"以语言的形式呈现出来。简而言之,就是打造企业的宣传标语。让这些标语成为大家的"口号"。

久而久之,这些口号就会潜移默化地渗透到全体员工的"潜意识"里,从而驱动全体员工齐心协力朝着相同的方向努力。

然而,许多企业没能将这一"战略(价值)画布"以框架的形式呈现出来。

所以,对于这些企业而言,企业战略就会变成一纸空谈。

"无视忽略"使"优势"更加突出

所谓"战略画布的框架",就是指"将竞争店与自家店的战略特点以曲线图表的形式直观绘制出来"。

这么做,自家店的优势和劣势都会一目了然。

这意味着,要在此基础上思考"战略(价值)"。

也就是说,要给自家店添加能超越竞争店的重要因素。

这样一来,"竞争店的战略(价值)"就可以一目了然,同时还能实现全体员工对于战略(价值)的共享。

图表⑩是名为 S 连锁的企业实际所采取的"战略(价值)

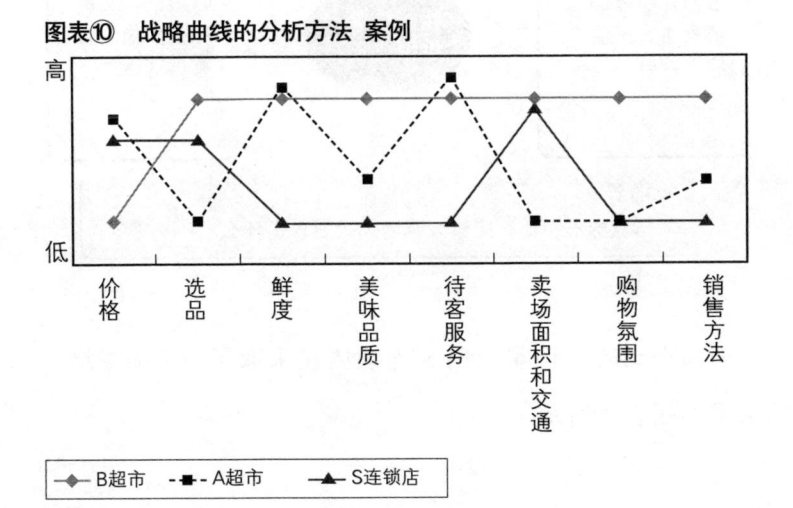

图表⑩ 战略曲线的分析方法 案例

| 价格 | 选品 | 鲜度 | 美味品质 | 待客服务 | 卖场面积和交通 | 购物氛围 | 销售方法 |

◆ B超市　■ A超市　▲ S连锁店

曲线"，表现的是该企业在市场调研和改善前的情况。

与竞争店"A超市"和"B超市（MART）"相比，"S连锁店"在影响竞争的重要因素（又称为影响顾客好感度的重要因素）的大多数方面都处于劣势，也就是典型的"输家"店铺。

首先需要让包含经营层在内的全体人员都清楚地认清这一现实。

其次，以"行业常识"为标准，让该企业思考如何采取"添加""增长""减少""去除"的"4项举措"（图表⑪）。

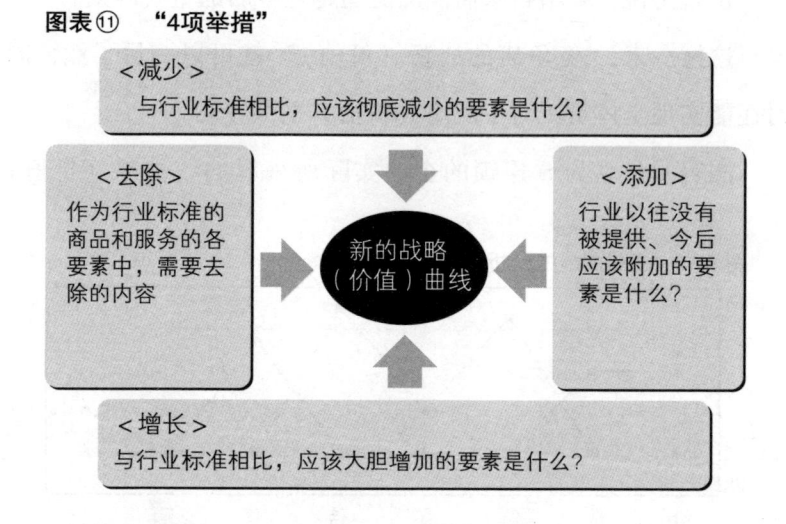

图表⑪　"4项举措"

```
                    <减少>
          与行业标准相比，应该彻底减少的要素是什么？
                      ↓
<去除>                                          <添加>
作为行业标准的          新的战略              行业以往没有
商品和服务的各  →    （价值）曲线    ←      被提供、今后
要素中，需要去                              应该附加的要
除的内容                                    素是什么？
                      ↑
                    <增长>
          与行业标准相比，应该大胆增加的要素是什么？
```

前面提到的"输家"的S连锁店在采取了"4项举措"后的结果如图表⑫所示。

"**添加**"——安排专业厨师挑战"精美熟食"的商品制作、所有部门全面贯彻"地产地销"、汇聚全国特色商品、通过变更开发商品的名称,全面推行品牌战略等。

"**增长**"——将熟食卖场、地产地销果蔬卖场、现场销售和时尚感等的标准都提升到传统超市前所未有的高度。

"**减少**"——精减"生鲜的4个部门"的陈列面积。

"**去除**"——去除了只重视毛利率和低成本运营的经营思路。

图表⑫　"4项举措"的实施结果

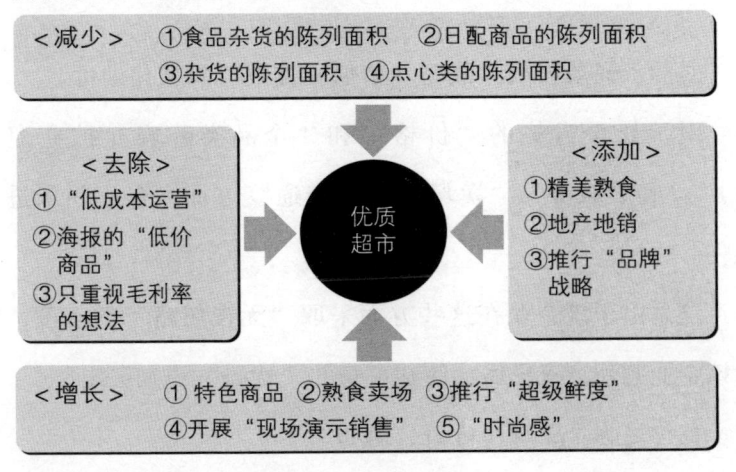

<减少>　①食品杂货的陈列面积　②日配商品的陈列面积
　　　　③杂货的陈列面积　④点心类的陈列面积

<去除>
①"低成本运营"
②海报的"低价商品"
③只重视毛利率的想法

优质超市

<添加>
①精美熟食
②地产地销
③推行"品牌"战略

<增长>　①特色商品　②熟食卖场　③推行"超级鲜度"
　　　　④开展"现场演示销售"　⑤"时尚感"

将上述内容以"战略(价值)曲线"的形式呈现出来的就是图表⑬。

与图表⑩相比,图中曲线已经大相径庭。

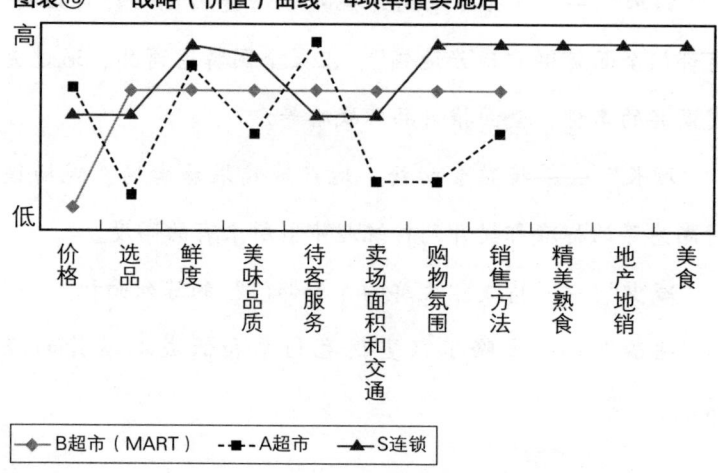

图表⑬ "战略（价值）曲线" 4项举措实施后

横轴：价格、选品、鲜度、美味品质、待客服务、卖场面积和交通、购物氛围、销售方法、精美熟食、地产地销、美食

◆ B超市（MART）　-■- A超市　▲ S连锁

之后，只要将该"战略（价值）曲线"具象化即可。

对于处于劣势的"价格"和"全品类阵容（扩充商品线）"、"待客服务"、"卖场面积和交通"方面，企业并未进行强化。

这是由于该企业在这些方面采取"无视忽略"的态度。因为该企业判断，这样做会使其自身的"优势"更加突出。

我称之为"战略（价值）画布"。

讲到这里，我想可能有读者已经看出来了。

事实上，我只不过是将W. 钱·金（W. Chan Kim）和莫博涅（Mauborgne）所提出的"蓝海战略"运用到了超市领域而已。

该"战略（价值）画布"在实践中取得了惊人的成效。

当该"战略（价值）曲线"以画布的形式呈现出来后，竞争店的对策和店铺升级改造就能以接近100%的概率大获成功。

如果共享"宣传语"，店铺必将发生改变

通常来说，优质战略具有3个共同点。

1."有取有舍"

在店铺升级改造时，可能有人会制定**"全面开花"**式的战略，但这样一来，就会变成"高成本"的商业模式。

关键在于，对于竞争的重要因素要具备"舍弃"的态度。

然后，将那些"添加"和"增长"的重要因素提升到与以往截然不同的高度，这是非常重要的。这样一来，企业就会制定出"有取有舍"的战略。

2."高度的独特性"

虽然我们经常会使用"差异化"这种说法，但仅实现"差异化"水平的话，将无法体现自家店与竞争店的不同之处。

只有达到绝对性的差异水平，才能对顾客实现"差异的可视化"。

所以，我们需要在战略画布上描述出"4项举措"，并对构成"添加"和"增长"的重要因素部分，敢于尝试远超行业的标准，或者向"新事物发起挑战"，这些都是非常重要的。

请各位牢记：如果仅靠稍微强化，无从看出与竞争店的"不同之处"。

3. "具有吸引力的宣传语"

将战略通过"语言表达"出来是非常重要的。

通过打造宣传语，可以提高所有员工的"意识"水平。

而"意识"水平提高的话，所有员工的行动标准就会提高。

所以，"把战略以语言形式表达"，即所谓"打造宣传语"极其重要。

"战略"一旦描绘出来，就必须付诸行动。

我也非常重视"语言形式的表达"，所以创造了很多新的用语。

诸如"超级鲜度"、"现场演示销售"、"3-3-3陈列原则"以及"下午4点起的二次开店"……

因为，通过统一用语，可以培养员工的意识。

打造有气势的"宣传语"，并实现全员共享的话，整体的行动方向就一定会发生改变，进而店铺也会随之发生改变。

以上就是蓝海模式的市场调研的全部内容。

我认为，这和大家以往所思考的市场调研内容发生了180度的大转变。

以往的市场调研采用的方法是"以大吃小"，而不是"以小博大"。

由于那些在市场竞争中占据优势的"大"企业所运用的成功方法，被具有劣势的"小"企业引入，所以才会变成"红海"的竞争模式。

当然，如果采用"红海"的方法，企业根本"无从实现赢利"。

将"目标可视化"的收支报表

接下来，是蓝海战略的第 2 个"基本内容"，即"利润管理"。

下面我要为各位说明的是有效运用收支报表的"目标可视化"。

近年来，越来越多的企业的生鲜部门出现了无法保持毛利额稳定的情况。

为此，企业采用了各种各样的方法和手段，从早到晚都在为确保毛利额的稳定而做出努力，诸如在"生鲜管理系统"等系统上进行投资，组织员工参加"混合加价"计算方式的学习会等。

然而，毛利润始终不能保持稳定的状态。为什么？

也许有人会认为，这是"市价行情的影响"或者"商品加工复杂"等方面的原因造成的。

因此，我在此向各位提议采用一种"简单"且"戏剧般"的，可实现"稳定毛利额的招数"。

而且是"零投资"。只需 1 张 B4 纸和一支圆珠笔就能做到的方法。

那就是填写收支报表，这种方法被称为"目标管理方式"。

就像图表⑭这样的表格，想必有很多企业平时都会用到，因而可能会觉得"不过如此"。

然而，如果能认真填写这一"收支报表"，将关系到是否能为门店带来利润。但您可能会想：

"我也总是在让员工填写，但利润就是无法保持稳定啊！"

这是由于您的填写顺序错了。这里先问各位一个问题。

大家都是先从哪里开始填写"收支报表"的数字呢？

- 从每月 1 号的"进价额"开始填写。
- 从每月 1 号的"销售额"开始填写。

您可能会认为答案应是从上述两项内容之一开始填写吧。

图表⑭ "商人传道师"流派的目标管理赢利法

日期	项　目		
	销售额	进价额	收支差额
1	③	③	③
2			
3			
4			
5			
6			②
⋮	⋮	⋮	⋮
31			①

① 先填写目标（目标毛利额）。
② 在"没有进货计划的日期"内填写"中途预测"的数据。
③ 填好①和②后，每天填写相应的数据。

其实这两种选择都不正确。

正确答案是，应从"每月的最后一天（31日或30日或28日）的目标毛利额"开始填写。

也就是说，在前一个月的最后一天之前，要填写下一个月的目标毛利额或者是公司制定的目标毛利额。

我称之为"目标的可视化"。

首先,要从培养员工的意识开始做起,让他们认识到"下个月必须保证多少毛利润"。

为此,用"红笔"先在月底的"差额"一栏填写"目标毛利额",这是非常重要的一步。这可称得上重中之重了。

不过,大多数负责人都是上来就从"第1天的进价额"开始填写。

所以,在看不到"目标"的状态下持续填写表格的话,就会变成"走一步看一步式的毛利额管理"。

在填写完"看得到的目标"(目标毛利额)后,接下来要决定"中途预测日"。

例如,把没有进货计划的周日等作为"中途预测日"。

然后,为了达成当月的目标毛利额,需要在中途预测日确保实现多少毛利额(差额)才能达成目标。需要用红笔等填写相关数字,以达到突出的效果。

我称之为"目标推移的可视化"。

这就相当于添加了一个"定位的标识",让人可以一目了然地掌握目标的完成情况,如"如果按照现有状态进行下去,就能确保实现目标毛利额",或者是"糟了,如果照这样下去,情况就很严峻。我们需要多留意一下采购和损耗方面"等。

在认真填写"目标（目标毛利额）"和"中途预测日"，并有了"目标管理意识"后，就可以从第一天的进货额开始进行填写。

这就是灵活运用收支报表的"目标管理赢利法"。

不考虑库存因素，把"收支差额"当作毛利额

或许也有很多人认为"为什么仅改变填写表格的方法，毛利额就能保持稳定呢？"，我认为，所谓"利润管理"和"马拉松竞技运动"道理相同。

马拉松全程必须跑完42.195公里。如果它是一项看不到目标的竞技运动，比如"直到被叫停之前一直跑下去"，您觉得会变得怎样呢？

大概就没有人愿意跑马拉松了。或者选手会因为感到不安而无法百分之百地发挥出实力。

因为知道"目标"就在42.195公里远的前方，所以才能安心跑步。

其次，因为有"目标时间"，所以能够设定相应的衡量基准：10公里、20公里、30公里的各个定位点必须用多长时间跑完。

比如,"好,照这样的速度跑的话,就能按照设定时间通过定位点",或者"如果不稍微提速,就不能在设定好的时间内跑到终点了"等情况就是如此。

这和"毛利额管理"是同样的道理。但是销售额不能采用这样的方式。

遗憾的是销售额无法通过"把控"来管理。然而,毛利额可以实现"把控"。有很多负责人并不理解这一点。

如果不能彻底意识到目标,就无从实现管理控制。

最有代表性的例子是"腰围控制"。如果不能全面意识到体重的话,就非常容易变胖。要想控制好体重,关键在于培养"意识化"。

所以我们在填写收支报表时要具备"意识化"。坚持3个月的话,毛利额就能"戏剧般"地稳定下来。

关键要"坚信并持之以恒"。

然而,仅凭自我管理或者自我负责,"意识化"总是不免会失去力度。

因为大家都容易"对自己松懈"。

因此我们要强化"检查功能"。

那就是,通过简单地设定"中途预测日",由店长或采购人员来"检查"是否按照既定目标推进。

然而,这里有一个关键要点。

需要我们能提出疑问"为什么毛利额（差额）未能按计划执行？""为什么毛利额（差额）能按计划得以顺利实施？"，并能引导员工给出明确的答复。

如果出现毛利额没按计划推进的情况，一定有很多原因。

比如"库存过剩""报废损耗""初期的加价过低""采购过剩""特卖商品占比过高""销售额不足"等各种原因。

请引导员工找出其中的原因。如果能找出原因，请再让员工思考"下周对于造成问题的那个原因，打算如何解决？"。

不仅如此，如果找到了改善对策，就请让员工承诺一定要执行改善对策。

而且是每周都要反复坚持下去。这样一来，毛利额就一定会稳定下来。

或者更准确地说，毛利额会得到大幅改善。

也就是进入了所谓的"赢利"的螺旋式上升的状态。

不可思议的是，近来兴起一股"库存是理所当然的"的风气。

甚至还有负责人满不在乎地表示："因为有库存，所以差额才会低。"

而且，有这种想法的负责人，连最终毛利都无法保证。

所以，我们不应考虑库存因素，而应将"收支差额"当作毛利额。

因为，通过这种方式必然会朝着削减库存的方向发展。

而且这样做会取得惊人的效果。

请大家务必认真实践这种"目标管理赢利法"。效果极为显著。

"不愿推销毛利率低的商品"的奇怪风气

经常能听到这样的说法：

"宣传海报上的商品没有赚头，所以不怎么推销。

"这件商品赚不到利润，所以不会太花心思去推销。"

各位，这些"想法"是错误的。

那"海报上的商品"真的是赔本（低于成本价销售）吗？还是说，虽然比较少，但还是有一点儿利润呢？

哪怕只是有一丁点儿利润，也必须通过"彻底推销"来争取销售额。

总之，我们应努力追求商品销售的"数量"。

此外，那些所谓"因为没有毛利润，所以不会太花心思去推销"的商品，指的不就是那些"毛利率"比较低的商品吗？

这句话的意思其实就是，因为商品的毛利率（加价率）低，所以不愿全力去推销。

这种观念也是大错特错的。我们必须通过"彻底推销"商品来提高销售额。

我感到,最近所有负责人和采购人员在这些方面可能都存在误解吧。

刊登在海报上就意味着商品符合"顾客的现实需求和潜在需求",所以企业才会花费"大量经费(成本)",以海报的形式向顾客进行推荐。

如果是这样,我们必须有的放矢地去彻底推销该商品。

各位在订购海报商品时,到底是基于怎样的"思路"下单的呢?

难道不是出于"大概能售出多少箱商品吧"这样的想法吗?这正是"特卖商品下单的常识"吧。

然而,那些非常"赢利"的企业和负责人,他们下单的"思路"截然不同。

他们在下单时会这样考虑,"由于这款海报商品加价率很低,所以不卖出多少箱以上的话,就无法获得毛利润",同时会考虑该商品应采用哪种"销售方法",如何开展"可视化"及"故事营销",这样才能达到预期目标。

如果只销售"能售出的数量",就无法保证毛利额。

要知道,海报商品等促销商品,就是用来"创造销售额、赚取毛利润"的商品。

既然如此，我们就必须以"毛利额"为衡量标准来下单。

由此可见，正是这种"思路"上的些微差异，造成了企业在"毛利额"上的差异。

由于社会上只注重"毛利率"的习惯由来已久，因而"毛利率（加价率）低的商品不需推销，也不能推销"的风气在蔓延。

如果不推销这类商品，就失去了花费高额成本把它们登载在海报上的意义了。倒不如不印在海报上。

既然把商品刊登在海报上，就必须努力实现"销售额的最大化"和"毛利额的最大化"。

进一步而言，这还有助于提升销售额和提高客流量。

毛利率、损耗率、不良率等"比率中存在陷阱"

不仅是海报商品，还包括店内促销商品等促销商品和走量商品在内，必须全部以"毛利额"为衡量标准来进行考虑。

因此，以下5点内容必须在各位的企业（店铺）内实现可视化，并形成意识化。

①从经营层到商品订货和上架的负责人在内，必须将那些"3秒"就能识别、在毛利额榜单中排名靠前的商品，通过"可视化"的形式呈现出来。

②在下单和陈列时，必须让员工经常对那些"高毛利额"的商品形成"意识化"。

③对于促销和走量商品，为了确保"毛利额"，必须有商品卖出多少数量才行的"意识化"，并以此来制订计划。

④在打造端架及平台陈列等方面，为了推销那些"高毛利额的商品"，必须用怎样的销售方法，要形成这样的"意识化"。

⑤"毛利率"终究不过是一种指标。最终还是要以提高"毛利额"为目的，无论从经营层面还是从收益层面来看，"毛利额"都是最为重要的数据，这点必须让所有员工都能形成"意识化"。

总之，如果我们过于注重"毛利率"，就可能掉入意想不到的"陷阱"。

有关"毛利率"的陷阱，在轻型汽车销售方面连续取得优异战绩的铃木汽车公司的铃木修会长曾说过这样的话。

在工厂监督检查时，听到员工汇报"产品的不良率下降了0.01%"，我忽然意识到不对劲儿。

0.01%意味着1万个产品里有1个不合格。

每台汽车约有2万个零部件。也就是说，1台汽车有2个不合格的零部件。

或者换个算法，铃木汽车公司生产的四轮车的国内生产数量2001年度为87万台。

1 台汽车 2 万个零部件，按产品的不良率 0.01% 计算的话，那就会产生 174 万个不合格的零部件。

假设把不合格零部件再平均分配下去，就约等于全部汽车都不合格。

那问题可就太严重了。而如果用"率"来表示，就不会产生这种切实的感受。

据说该公司之前一直都是若无其事地认为"产品不合格率下降了，还不错"，但自从铃木会长意识到问题后，开始改变公司以往的做法，他总结道："我们公司开始通过实际的数字而不是靠不良率来衡量，也就是根据数量和金额来进行判断。"

据说，铃木会长的想法是：要想把握事物的实际情况，比率充其量是一个参考而已。

听到这里，各位是不是有种一针见血的感觉？

也就是说，"毛利率""损耗率"等说法都是把比率视为标准，而不是以数量和金额来作为标准。

"因为这款商品不能获取毛利（率），所以即使是海报商品也不愿进行推销。"超市行业容易掉进这样的陷阱里。

只要改变这一"率"的想法，超市今后就会"财源滚滚"。

第 3 章

蓝海"营销战略"

—— "以生产日期为标准的鲜度管理"和
"零库存"以及"单品走量能力"

"要全神贯注地去工作。这样你必将成功。因为能这样做的人几乎没有。"

美国教育家 阿尔伯特·哈伯德

(Elbert Hubbard)

为了实现顾客认可的"与众不同的鲜度"

"蓝海营销战略(图表⑮)"内容如下面图表所示。

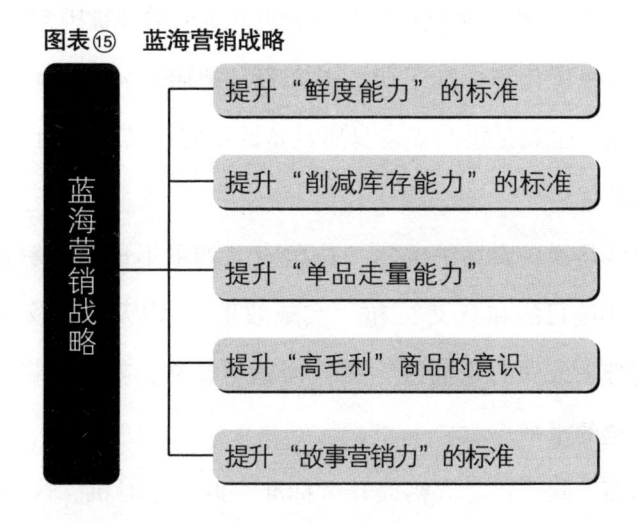

图表⑮　蓝海营销战略

蓝海营销战略
- 提升"鲜度能力"的标准
- 提升"削减库存能力"的标准
- 提升"单品走量能力"
- 提升"高毛利"商品的意识
- 提升"故事营销力"的标准

它包括 5 个方面的标准提升,并提升至得以展现出压倒性优势的程度。

此处的重中之重是"展现出压倒性优势"。

因为,只有达到"竞争店(其他企业)所难以模仿的高度",蓝海营销战略才得以成立。

这意味着,要把店铺(企业)的标准提升到我所定义的卓越水平。

下面就为您做进一步的展开说明。我认为,越是大型连锁企业,往往越是难以实施蓝海战略。

为什么这么说?

这是因为,想要把店铺(企业)提升到"卓越标准","个人综合实力"和"现场力"将成为极其重要的关键因素。

仅凭系统化和标准手册,不太容易把店铺(企业)提升到特定高度,也就是能凸显自身所具备的不同于其他店铺(企业)的压倒性优势。

也就是说,卖场中的每一位负责人如果不透彻理解蓝海战略的"实施目的和意义"和"实施效果",以及通过实施"能为我们带来怎样的幸福感"这一命题的意义,就无法将店铺提升到卓越的水平。

然而,眼下正是大幅提升"标准"的大好时机。这是因为,如果不是处于当前经济不景气这样的危机状况之下,全体员工也不会萌生出放手一搏的念头。

比如,请问,在各位的店铺,"鲜度"标准的依据是什么?

或者问得更直白些,"降价打折的标准"是基于"保质(最佳品尝)期限"还是"生产(上架)日期"?

大部分超市都把"保质(最佳品尝)期限"作为降价标准的依据。

然而，这样的话，超市就达不到卓越水平的鲜度标准。

也就是说，必须将"生产（上架）日期"作为鲜度标准。

我将这一"鲜度标准"命名为"蓝海鲜度标准"（图表⑯）。

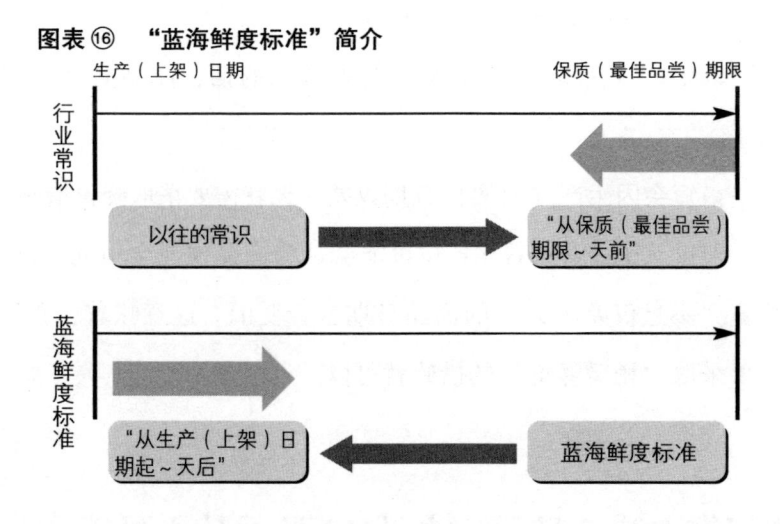

图表⑯ "蓝海鲜度标准"简介

行业常识	生产（上架）日期 ────────────────→ 保质（最佳品尝）期限
	以往的常识 → "从保质（最佳品尝）期限~天前"
蓝海鲜度标准	生产（上架）日期 ────────────────→ 保质（最佳品尝）期限
	"从生产（上架）日期起~天后" ← 蓝海鲜度标准

"行业常识"所认可的鲜度标准为"从保质（最佳品尝）期限~天前"。

然而，我所倡导的蓝海鲜度标准是"从生产（上架）日期起~天后"。

由于这一认定标准上的不同，所以鲜度的标准明显发生改变。

如果能实现这一标准，将会明显地获得来自顾客的认可，"鲜度果然与众不同"。

各位可能会产生如下想法：

"这样做的话，商品上会贴满降价贴，损耗会增加，毛利率将会下降！"

但是，实际情况完全"相反"。

以生产（上架）日期为标准来考虑的话，商品必须尽早脱手。

最短会因生产（上架）日期仅差一天就需要采取降价措施。

但仅从这一点来看，各位可能会认为商品损耗会由此变高，毕竟"不过仅差1天"的商品日期就会变旧。这意味着，我们只要采取"稍微降价"的措施就可以。

"仅靠立减5日元、立减10日元是不可能卖出去的?!"

各位的店铺（企业）有"立减5日元""立减10日元"的价签贴吗？

应该不会只有"立减20%"、"立减30%"和"半价"的价签贴吧？

我大力提倡这种"立减5日元""立减10日元"的价签贴的做法。

原因是？

我认为，采取这种在能卖出去的时机贴上"立减 5 日元""立减 10 日元""立减 10%"的做法，需要考虑在什么样的时机打折最为合适。

像这样提前做降价处理，会带来怎样的结果呢？

实际上，商品的"损耗率"会实现大幅降低。

然而，各位或许会有如下想法：

"靠立减 5 日元、立减 10 日元和立减 10% 是不可能卖出去的！哪有那么容易的事？"

但是的确能实现畅销。不过，这里有一个决定畅销与否的关键因素。

那就是"降价商品的价值可视化"（照片①）。

采用这种方法，可以极大地"减少损耗"，从而实现毛利额的提升。

那就是通过"鲜度标准"的模式转换来"大幅赢利"。

而且，不仅如此。

实行鲜度标准的模式转换，从"保质（最佳品尝）期限"转换到"生产（上架）日期"，"订货精度"也能得到飞跃性提升。

迄今为止，我不管多少次强调"要提高订货精度""要合理订货""要根据 POS 数据来开展订货""订货时要考虑到气候因

照片① 极易变色的"鲜肉切片"通过限时销售，实现了销售额的大幅提升。

素"，还是会出现置若罔闻、完全不愿意改善的企业。

然而，当企业转换了"鲜度标准"的模式以后，"订货精度"会瞬间得到提升。

人真是不可思议的动物。

当感受到外在压力时，人们一开始会感到辛苦，但随着时间的推移就会逐渐适应。

在开启这一"鲜度标准"的模式转换后，越是曾经带头反对的人，反而越能很快做出成绩，前后就像变了个人一样，随后言论都会与之前大不相同。

各位知道他们怎么说吗？他们会得意扬扬地对其他同事说："从顾客的立场来考虑的话，这么做是理所当然的。"

蓝海模式的鲜度标准的精髓正在于此。

它正是"从顾客的立场出发而制定的鲜度标准"。

因为从"卖方的立场"出发，所以导致高价商品滞销

站在顾客的立场上考虑的话，"商品的生产日期即使只旧了1天都不想买"。

"生产日期只旧了1天的商品"如果价格稍微便宜些，就会有很多顾客愿意购买，尤其是在当前这样经济不景气的萧条时期。

然而，遵循"行业常识"的鲜度标准，"生产日期旧的商品"一般会"便宜30%"。

这样一来，购买那些生产日期比较新的商品的顾客就会产生如下疑问：

"为什么我买生产日期新的商品要多花30%的钱啊？"

特别是，像牛肉和刺身拼盘这类高价商品会让顾客觉得"按原价买显得傻"。

093

所以，越是降价幅度大的店铺（企业），高价商品会越不畅销。

实际上，店铺（企业）的部门主管、店长、采购人员并没有意识到会出现这种理所当然的结果。

他们只从"卖方的立场"来考虑经营。

所以，才会导致高价商品的滞销。

那么，什么商品应该在什么时机做"降价"处理才合适呢？

图表⑰是现在已经采用蓝海鲜度标准的一些企业所制定的标准。

这些企业在不断地"改善、改革、进化"过程中，逐渐达到了今天这样的标准。

采用上述标准后，这些企业的"毛利额"实现了大幅提升。

同时，商品周转率随之大幅提升。

正是如此。由于这些企业采用了蓝海性质的鲜度标准，所以"销售额实现了大幅增长"。

我称这样的效果为"三重效果"。

①因商品周转率的提升带来了"销售额增长"的效果

②因小额降价带来了"毛利额提升"的效果

③因鲜度标准的模式转换带来了"订货精度提高"的效果

这一蓝海鲜度标准的模式转换，还引发了灵活运用"降价

图表⑰　"蓝海"商品的鲜度标准

部门	商品名	蓝海鲜度标准
水果	·桃子 ·葡萄 ·柿子 ·香蕉 ·草莓	陈列后1天 （从次日早上起小额降价）
蔬菜	·所有叶类菜 ·洋葱 ·胡萝卜 ·地瓜 ·南瓜切块 ·萝卜切块	陈列后1天 （从次日早上起小额降价）
蔬菜	·散装黄瓜 ·白菜切块 ·卷心菜切块 ·散装叶类菜	陈列后6小时以内 （之后小额降价）
鲜鱼	·刺身 ·青甘鱼片 ·青花鱼片	陈列后6小时以内 （之后小额降价）
鲜鱼	·整鱼 ·鱼肉切片 ·贝类 ·切鱼块 （保质期限3天以内的商品）	陈列后1天 （从次日早上起小额降价）
鲜鱼	·腌渍物 （保质期限3天以上的商品）	直到新日期商品陈列为止 （陈列后，日期旧的商品降价）
精肉	·牛肉 ·猪肉 ·鸡肉 ·肉馅	陈列后1天 （从次日早上起小额降价）

贴"自身经营思路的转换。

以往的经营思路是,"降价贴"是用于贴在鲜度容易下降的商品上的一种手段。

然而,采用蓝海模式的鲜度标准后,原有思路发生了改变,"降价贴"的目的转变成为用来硬性提高商品周转率。

所谓蓝海模式的降价贴的灵活运用就变成了一种"商品周转率提升机"。

标准的模式一旦发生转变,就会带来如此巨大的差异。

所以采用蓝海模式的鲜度标准的企业会"财源滚滚"。

所以这些企业能在经济不景气的萧条时期实现成功突围。

以零库存为目标的话,就连"人生观"都会发生改变

接下来,我想谈谈"库存"标准。

各位认为"合理库存"的持有量应该保持在多少合适?

如果是生鲜部门,应该持有平均日销售额 2 天的量?还是 3 天的量?

此外,如果是食品杂货部门,应该持有平均日销售额 10 天的量?还是 15 天的量呢?

实际上，我认为合理库存的持有量标准应该是零。

各位或许觉得"这是根本不可能实现的吧"。

当然，虽然店内想达到零库存是不可能实现的，如果想要实现"后场零库存"也不是不可能。但各位的想法恐怕是"从明天开始，特价促销的商品库存会增加""商品交付周期为每3天1次，所以必须保持一定的库存才行"等。

但是，关键在于，要先以实现"后场零库存"为标准，之后大家再一起来探讨是否能改善"整个系统"的库存。

如果不这样做，店铺的库存量就一直不能减少。同时，也无法降低数字中体现不出来的"看不见的损耗"。

实际上，我曾经让客户企业实际体验过这一点。

那是发生在库存量最大的"盂兰盆节商战"和"年末~正月商战"的时候。

我让客户企业在这两大商战期间以"后场零库存"为目标，做了实际的尝试。

当然，也不是每一天都保证零库存，而是无论是盂兰盆节还是年末~正月的商战期间，如果是生鲜商品，都是以节日后市场重新启动的前一天夜里的"后场零库存"为目标而开展零库存。

结果发现，这个目标是完全可以实现的。后场库存是真的能做到接近零。

随之而来的是，客户企业实现了"毛利额（率）的大幅提升"。

总之，毛利额提升之高甚至让经营层和管理层的各位领导都感到大吃一惊。

一位经营层吐露了自己的心声：

"店长一旦以零库存为目标，就连'人生观'都会发生改变啊。"

由此可见，以零库存为目标的确会带来令人感到如此震撼的结果。

这也说明，以往数字中所没有体现的"看不见的损耗"曾是如此之多。

即使是在盂兰盆节商战和年末~正月商战这样库存管理最为艰难的时期，后场零库存也是能够实现的。

明明能够做到，却总要在平时以各种各样的理由开脱，总之就是不以"后场零库存"为目标。所以，店铺库存才总是无法减少。

关键在于削减库存的"意识化"

生意的原点在于"今天进货的商品要在今天内售罄"。

但近年来，由于设备越发完善，商品保管技术也随之大幅进步，鲜度出现下滑的现象逐渐不复存在。

为此，导致库存不断增多。

如今，拥有"库存"已经成了一件理所当然的事。

尽管 EOS 和 POS 系统的"解析和分析"能力都取得了飞速进步，然而诸如食品杂货、糕点、日用品以及酒水等商品的后场库存量却非但没有减少，反而呈现出逐渐增加的趋势。

"物流系统"虽然得到了极大改善，采用了"看板方式"的商品交付系统，但后场库存依旧没有减少。

企业为了削减库存，在"设备投资"上下了很大血本。

然而，库存丝毫没有减少。其原因何在？

这是因为，企业未能考虑建立"后场零库存"的标准。

让我们再次回到生意的原点，为了实现"后场零库存"，考虑一下"整体系统改善"。

这里为各位介绍一下实际以"后场零库存"为目标而努力的企业中"某精肉主管"的日报（图表⑱）。

图表⑱　猪里脊肉块的销售案例示范

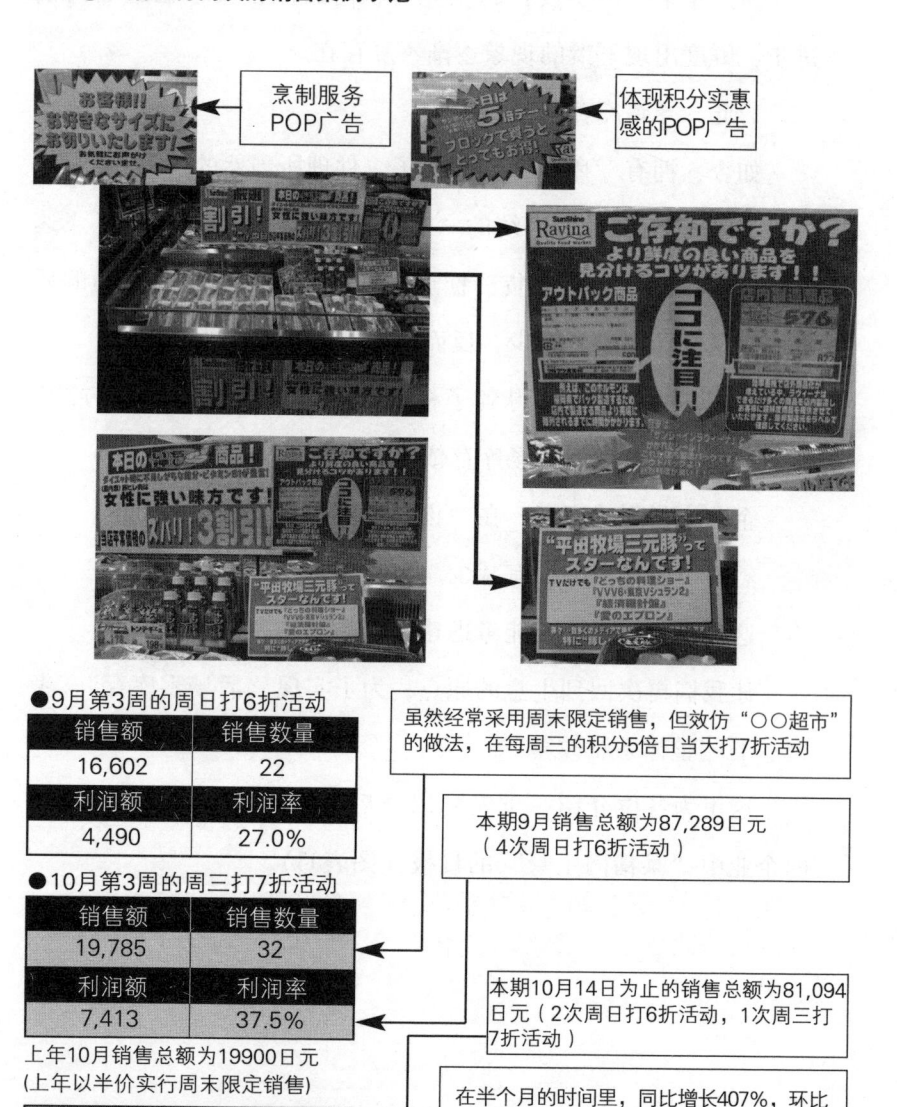

烹制服务POP广告

体现积分实惠感的POP广告

● 9月第3周的周日打6折活动

销售额	销售数量
16,602	22
利润额	利润率
4,490	27.0%

虽然经常采用周末限定销售，但效仿"○○超市"的做法，在每周三的积分5倍日当天打7折活动

本期9月销售总额为87,289日元（4次周日打6折活动）

● 10月第3周的周三打7折活动

销售额	销售数量
19,785	32
利润额	利润率
7,413	37.5%

本期10月14日为止的销售总额为81,094日元（2次周日打6折活动，1次周三打7折活动）

上年10月销售总额为19900日元
（上年以半价实行周末限定销售）

销售额对比	119.2%
利润额对比	165.1%

在半个月的时间里，同比增长407%，环比增长92%。后半月通过实行7折促销，也保证了利润额完成

100

第3章 蓝海"营销战略"

截止到2007年10月14日	
销售额	7,151,686
销售数量	21,871
平均单价	327
降价金额	940,948
降价数量	4,190
报废金额	135,789
捆绑销售折扣金额	177,723
捆绑销售外的损耗总额	899,014

截止到2008年10月14日		同比
销售额	7,095,169	99.2%
销售数量	21,460	98.1%
平均单价	331	101.1%
降价金额	721,027	76.6%
降价数量	5,201	124.1%
报废金额	44,622	32.9%
捆绑销售折扣金额	127,230	71.6%
捆绑销售外的损耗总额	638,419	71.0%

在培养零库存意识和推出新商品的同时，通过尽早降价有助于全体商品损耗的大幅下降

部长总是对我发火说："不要低价买进低价卖出！"他还要求我平时效仿那些打7折的门店做法，并进行验证。

竟然意外地很畅销！

即使是在生鲜部门，在被认为最难以实现"后场零库存"的精肉部门，如果实现"意识化"，就能够完成这一目标。

这就意味着，在超市的所有部门都能实现"后场零库存"这一目标。

削减库存对于企业而言，不仅会催生出"周转变快的资金"，还会降低从数字上体现不出来的"看不见的损耗"，甚至包括"作业效率"在内都会得到大幅的改善。

想要削减库存，"意识化"是关键所在。

首先，要把标准提升到"后场零库存"。

其次，为了实现这一目标，要"完善整体系统"。

这样一来，所有数字就都能改变。由此实现"大幅赢利"。

今后几年，经济不景气的萧条情况将会持续。这意味着"供给和需求"的关系会出现失衡。

供需关系一旦失衡，就一定会出现"聚焦单品的条件"。

无论是生产厂商还是批发商都和超市一样，总之，谁都不想持有不良库存。

所以才提出了破格价的条件。

我认为，能否应对"聚焦单品的条件"，这取决于"库存"意识的高低。

当然，拥有可以单品走量的能力将成为绝对条件，它意味着经常保持一种"轻松上阵"的状态，就能抓住所谓"赢利的时机"。

在经济萧条时期,会出现"资产的通货紧缩",资产的价值会日益减少。

所以,企业会因持有过剩库存而变得举步维艰,这就和资产价值蒸发是一个道理。

即便从我们当今所处的时代背景来看,也绝对不能持有过剩库存。

为此,我反复强调:

我们要考虑把"后场零库存"作为标准来展开经营。

"不合格的销售员"而非"销售员"在增多

零售的基本在于"销售"。

"营销力"的高低将决定店铺生意兴隆还是萧条。

但近来,我越发地感到"营销力"似乎正在开始急速下降。

特别是所谓"售罄能力"正在极大地退化。我认为,或许正是这个原因才导致超市和零售业变得不再赢利。

从销售到商品的陈列,都能在卖场中得以贯彻落实。

然而,"售罄"这一项并没有被列入工作内容之中。

各位不觉得这很不可思议吗?

各位的"工作"和"作业手册"中是否包含"售罄"这一项呢？

"陈列"、"添加POP广告"、"订货"以及"保持清洁"这几项被大部分企业列为工作内容。

作为销售原点的"售罄"这一项却几乎都看不到。

所以，企业才变得"不能赢利"。

近来，不是"销售员"，而是"半销售员"在逐渐增多。

不努力把商品销售出去的销售员被称为"半销售员"也是没有办法的事，各位不这么觉得吗？

在经济不景气的萧条时期，消费者"购买力下降"，并且会产生一种"不管多便宜，也不会买自己不需要的商品"的购物心理。

当消费者产生这种购物心理时，如果超市不培养销售员的"营销力"，会出现什么样的结果呢？

"只有低价商品能卖出去""海报特价商品的占比逐渐变高""由于不景气，即使便宜也卖不出去""因不景气而陷入滞销，导致商品损耗增加了"等，罗列上述冠冕堂皇的"借口"的负责人就会接二连三地出现。

但绝不能让这种"借口"在企业内部"正常化"。

"购买力"下降这种事是明摆着的，绝对不能让以此为"借口"的风气在企业内部蔓延。

套用彼得·德鲁克①的表述就是,这正是"眼前正在发生着的未来"。

如果我们现在不采取对策,未来将变得无法挽救。

要采取的对策正是培养"单品走量能力"。

如果还像以往那样,采用"全面开花地备齐商品种类"或"按顾客喜好来选品备货(陈列)"的方法,在今天不会再畅销。

如果采用与以往相同(经济繁荣时期)的销售方法,就会出现"因为便宜商品畅销,顾客只买便宜商品"的现象。

所以,全面开花地备齐商品种类或按顾客喜好来选品备货的做法,是行不通的。

这将导致"品单价"会下降,"销售量"也会下滑。

因此,不仅"销售额"会下降,"毛利额"也会随之降低。

那么,应该怎么办?

针对这一现象所采取的对策正是,通过陈列手法来打造"店铺主推商品的可视化"。

这也就是所谓实现"单品走量"的可视化。

---

① Peter F. Drucker,"现代管理学之父",著有《已经发生的未来》。

"单品走量能力"和"售罄能力"正是应对不景气的关键

在陈列这类走量单品时，相比于其他任何商品，要做到扩大"陈列排面"，突出"陈列量丰满"感，添加"吸引眼球的POP广告"。这样一来，就能引起顾客的注意。

这是因为，现在的顾客"只购买对自己有价值的商品"。

因为顾客会觉得"这款商品是店家主推的商品啊。那就买买看吧"，所以会主动发掘商品的"价值"。

如果再附上一个"店家推荐理由"的故事POP，商品就会更加畅销。

如果是生鲜商品，要努力做到把"单品走量"的商品售罄。

哪怕是推出限时打折促销活动，总之要想法设法把商品售罄，这是非常重要的。

原因是？

通过提升"售罄能力"，"不良库存"就会逐渐消失。

这样的话，我们就能经常改换不同的"主推商品"。

因此，就会使得"顾客来店动机越来越强"。

顾客来店动机的增强，意味着"来客数会增多"。

更重要的是，如果掌握了"单品走量"的能力，就能大力推销那些"畅销且赢利"的商品。

这样一来，企业就能建立一套"赢利"的机制。

图表⑲是我所倡导的"3-3-3的陈列原则"。

图表⑲　3-3-3的陈列原则

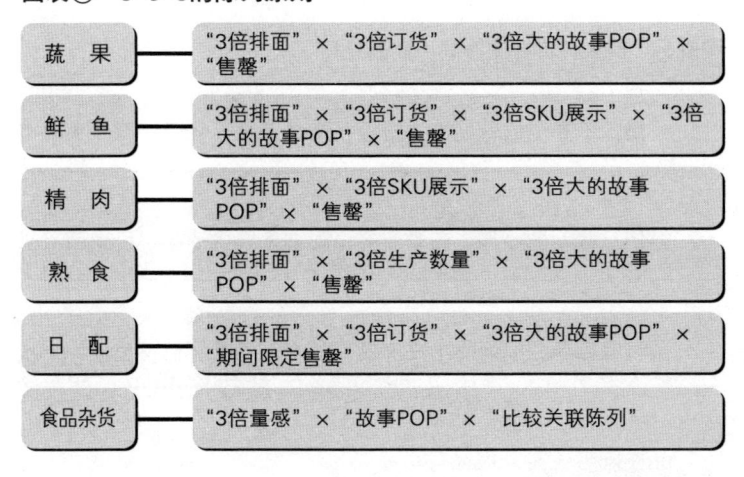

品类	陈列原则
蔬　果	"3倍排面" × "3倍订货" × "3倍大的故事POP" × "售罄"
鲜　鱼	"3倍排面" × "3倍订货" × "3倍SKU展示" × "3倍大的故事POP" × "售罄"
精　肉	"3倍排面" × "3倍SKU展示" × "3倍大的故事POP" × "售罄"
熟　食	"3倍排面" × "3倍生产数量" × "3倍大的故事POP" × "售罄"
日　配	"3倍排面" × "3倍订货" × "3倍大的故事POP" × "期间限定售罄"
食品杂货	"3倍量感" × "故事POP" × "比较关联陈列"

在"经济不景气"的萧条时期，"单品走量能力"是极其重要的。

但谁都没有注意到这一点。

不懂得只有培养出"单品走量"能力的企业才能成为"蓝海企业"。

也不明白"经济不景气"会导致"消费者的购买欲望下降"。

所以，自然也就不会理解，如果不提高"单品走量能力"，销售额就会随着"消费者的购买欲望下降"而逐渐减少。

因此，这说明，"单品走量能力"及"售罄能力"正是应对"经济不景气"的关键。

请各位参见图表⑳。如图所示，我将商品分为4大类。

图表⑳ 商人传道师流派的"商品分类"

① 畅销但不赢利的商品（海报每日特价商品、竞争店对策商品）

② 畅销且赢利的商品（应季商品、附加条件的商品、价值商品）

③ 不畅销但赢利的商品（高加价商品、采购推荐的特色商品）

④ 品类阵容（常规商品等）

其中，最应受重视的商品是"畅销且赢利"的商品。

尽管理应如此，但还是要向各位提出一个问题。

对于这类"畅销且赢利"的商品，从负责订货的临时工，到负责陈列的临时工以及那些小时工，再到经营层的领导们，所有员工是否做到了商品的"可视化"呢？

"只有采购人员掌握这一要领"的企业不可能赢利。

赢利企业的"共同点"在于，对于这种"畅销且赢利"的商品，从订货到陈列的负责人，包括所有员工在内都能在卖场中实现商品的"可视化"。

特别是在非生鲜食品方面，"畅销且赢利"商品的"可视化"更是必不可少。

毛利"率"取决于总部，毛利"额"则取决于现场

按照商人传道师流派的理解来看，在活用 POP 数据方面，唯一且绝对的做法是"掌握高毛利商品的情况和动向（包括与其他店铺的比较在内）"。

我认为，通过对 POP 数据进行分析，卖场负责人只要能在 3 秒内掌握"高毛利商品"的情况和动向即可。

在我看来，其他方面不优秀也没关系（虽然这样说有些极端）。

可以说，企业为了提高收益，在"POP 系统"上投入了巨大成本。

尽管如此，却不能通过 POP 数据把握"畅销且赢利"商品的相关情况，这本身就很奇怪。

对于那些"畅销且赢利"的商品（高毛利商品），哪怕只是各非生鲜部门排名前10位的品项，如果订货及陈列负责人都能掌握情况，并"有意识地"实行"精准订货"、"扩大陈列排面"以及"故事营销"的话，大家认为会出现怎样的结果呢？

毛利润额必然会得到大幅提升。

如果还能掌握其他店铺的高毛利商品的销售动向，那就更好了。

这样说，是因为女性负责人身上普遍都有一股"不服输"的干劲儿。

"我不想输给其他店中和我同样身为主管的人！"她们的这种好胜心要远远超出男性。

所以，要有效地发挥女性负责人身上这种"不服输"的性格优势。

这样的话，店铺会越来越赢利。

我经常说，"毛利率（加价率）取决于总部""毛利额则取决于现场"。

我们知道，与生产厂商和批发商的交涉都是采购人员的工作。

所以，如何才能低价进货是采购人员最重要的工作内容。

然而，即使采购人员具备很强的"低价进货的能力"，也并不等同于就能成为一名取得高毛利的优秀采购，实际上许多采购人员都是这样的情况。

采购人员是无法赢取"高毛利"的。

之所以这样说,是因为无论采购人员能以多么低的价格进货,并送货到卖场(店铺),但如果卖场的负责人不能"用心"展开销售,商品就很难销售出去。不,他们压根就没努力销售。

那么,怎么做才好呢?解决这一问题的方法就是实现"信息共享"。

具体是指,由采购人员向现场的负责人说明如何才能使"这款商品"成为畅销且赢利的商品,以此来实现"信息共享"。

但事实上,绝大多数的采购人员都只管往门店卖场发货。

如果不在商品上添加"采购人员的心意",卖场的负责人就不会用心销售。

所以,采购人员经常需要通过利用故事营销开展发货工作,这是非常重要的。

我称之为"信息共享"。

其次,制定以下"规则"也很重要:让卖场负责人随时掌握"畅销且赢利"商品(高毛利商品)的"销售情况相关信息"(POP 数据),我称之为"意识化"。通过不断培养卖场负责人对于高毛利商品的意识,他们就能在扩大陈列排面、增加订货次数、提高顾客的识别率等方面多下功夫。

构建"高毛利意识"文化，成为"赢利"企业

假设同样都是按 98 日元出售的 3 盒捆绑装纳豆商品。

如果不能建立"高毛利"意识，订货负责人就只会大量订购那些"容易销售"的厂商商品。

作为订货负责人，这种做法理所当然。

因为他们要尽可能地规避风险，所以一定会采取这种做法。

然而，一旦使订货负责人形成"高毛利"的意识，他们就会大量订购那些"利润高"的厂商产品，还会转变成大排面的陈列方式。

是的，就会由原来的无风险变成"有风险性的订货"。

如果是采购人员，就会明白其中的道理。

那就是，"高毛利商品＝卖场中不好卖的商品"。

作为生产厂商，因为试图增加您企业采购商品的份额，所以会愿意开出优惠的供货条件（虽然不都是这样的情况）。

然而，卖场负责人如果不能形成"高毛利商品（畅销且赢利商品）"意识，他们就丝毫不会主动推销这些商品。

反之，那些构建出"高毛利的意识"文化的企业，会不断地在营销上巧用"招数"。于是，就会变成"利润丰厚"的

企业。

进一步提升那些高毛利商品的销量数字的关键在于，打造"其他门店销售动向"的可视化。

像刚才我说明的那样，女性负责人往往具有"不服输"的性格。所以，就会出现创造出高毛利商品销量的"超常值"业绩的负责人。

采购人员应该通过邮件等形式，将这个女性负责人所采用的销售方法分享给所有门店，以实现"销售方法的共享"。这也是采购人员的重要工作内容之一。

因为，对于采购人员以低价购进的那些商品，通过建立所有门店的"信息共享"，各店就会在互相竞争的同时积极开展销售活动。

对于采购人员来说，这是仅次于"低价采购"的一项重要工作。

但大多数采购人员疏忽了这项工作。

所以，毛利率和毛利额才总是得不到改善。

如果能理解图表㉑的流程，"结果"就能真正地发生改变。

而且一旦能成为"公司的文化"，就会带来惊人的"效果"。

不仅如此，这意味着来自生产厂商和批发商的应对会随之发生改变。

如果超市企业具备高毛利商品的"单品走量"销售能力，

图表㉑ 商人传道师流派的"赢利"流程

由总部和生产厂商、批发商进行价格交涉（采购员）
↓
将"高毛利商品"连同商品相关的"故事信息"配货给门店（故事信息型配货）
↓
要求负责人根据POS数据随时掌握商品销售情况，并规定为义务（培养卖场负责人的意识）
↓
掌握其他店的动向、提供销售方法的相关信息（实行销售方法的共享）
↓
验证毛利额的变化
↓
对做出成绩的负责人给予评价 → 毛利额实现大幅改善

生产厂商和批发商就会试图"提高份额"，不断为企业提供优惠的条件。

毕竟，生产厂商和批发商的负责人也是靠"数字"说话。

"那家店，如果我们能多让一些毛利，销量就会大幅提升"，当这样的口碑传播开来或者达到这样的业绩时，就更容易为超市创造出优惠的条件。

众所周知，眼下是经济不景气的萧条时期。生产厂商和批发商的商品都越来越不容易销售出去。他们的处境可以说比零售商还要严峻。

毕竟现在的趋势是，以大型连锁店为核心的企业正在竭力推销自有品牌的 PB 商品，由此对生产厂商带来了巨大的冲击。

所以，那些构建出全力推销高毛利商品的"文化"的企业，会越来越"赢利"。

相信大家能理解吧？

使"故事营销"的标准实现进化！

在我的上一本书《超市新常识 1：有效的营销创新》中，出现过一个新的流行用语。

那就是"故事营销"。

它以远远超出我预想的势头，影响力遍及日本全国。

与此同时，我还收到了来自不同行业人士的众多"感谢之声"："以往不畅销的商品在添加了故事 POP 之后，开始变得畅销了。"

然而，商品在附上故事后在短时间内变得畅销，不代表今后也能一直畅销下去。或者应该说，一定会变得越来越不畅销。

这是因为，"故事"本身也具有相应的"鲜度""时间性""流行趋势"。

那么，今后的时间性和流行趋势是指什么呢？

那就是"便宜感"、"节约感"和"价值感"。

当这些都能实现可视化时，就能防止"品单价的下滑"和"支持率的下降"的出现。

下面，我以实例来为各位进行说明。

实例 A

以可视化形式展示出单个水果的售价，成功提高了袋装水果的单价

这是在 2008 年的年末商战期间实施的蜜橘商品销售案例。

如果按照以往的蜜橘销售策略，采用"蜜橘 1 袋 480 日元"的价格标识是常规性做法。

然而，在今天这样经济形势不景气、顾客购买能力下降的背景下，如果还按照以往这样的价格标识，那就只有那些"每袋单价便宜"的蜜橘才能卖得动。

照片②中所采取的做法则是，以可视化形式展示出蜜橘的"单个售价"，借助单个售价便宜的蜜橘提高了每袋的单价（最终售价）。

也就是说，这种做法向顾客传递出"蜜橘的单个售价如此便宜，趁着便宜时一次性多买些怎么样"的信息。

这么一来，结果怎样呢？即便蜜橘一袋售价较高，也能让顾客感觉很划算，就会比较畅销，同时单个售价相对便宜的蜜

第3章 | 蓝海"营销战略"

照片② 通过对蜜橘的单个售价的可视化，使得成本价较低的S规格蜜橘变成了最畅销的商品。

橘在顾客的"一次性多买"心理的驱动作用下，对提升商品单价做出了贡献。

只做了一点调整，就带来了如此明显的效果。

117

实例 B

以可视化形式展示根茎类商品的节约感，成功提高了购买总量

土豆、圆葱、胡萝卜是可以用于各式料理，而且是每100克单价比较便宜的蔬菜。

然而，繁忙的顾客注意不到这些。

因此，如照片③所示，将"节约型蔬菜"以可视化形式展示出来。

照片③ 以往不太畅销的"北光"土豆，通过实现单个土豆售价的可视化，销量跃升至以往的5倍以上。

这样一来，顾客的节约感和需求完美契合，实现了销售额同比增长150%以上，购买数量也大幅提高。

即使完全不降价，商品也很畅销。

实例C

以可视化形式展示"行情走低"，实现了销售额的爆发式增长

鲜鱼商品有其相应的市场行情。照片④就是以可视化形式在展示鲜鱼市场"行情走低"的相关信息。

照片④　以可视化形式展示市场行情走低，从而使销量增长了约3倍以上。

119

尤其是，顾客在购买鱼类商品时感到最苦恼。

这是因为，他们不了解相关市场行情，也不清楚合适的价位在多少。

所以采用"行情走低"的故事POP，为顾客提供了相关的信息。结果，与之前相比，销售额增长了约3倍以上。

这也是展现商品"便宜感"的可视化方法。

实例 D

以可视化形式展示浓缩型调味汁的便宜感，销售额增长了10倍

说到夏季的畅销商品，一定会想到"日式蘸面汁"。其中的"直接使用型"最畅销。

然而，因为畅销，它经常作为主打商品出现在宣传海报的促销单上，结果就成了完全不能赢利的商品。也就是所谓的"红海"商品。

因此，在照片⑤中，采取了大胆推销"浓缩型"日式蘸面汁的做法。

因为是5倍浓缩型，所以就将稀释为五分之一时的商品单价通过可视化的形式呈现出来。

照片⑤ 通过"价格的可视化",使高毛利润商品(浓缩型日式蘸面汁)成为"超级爆品"。

结果,之前完全卖不动的"浓缩型"日式蘸面汁一下子成了畅销商品,销售额增长了10倍。

想要销售单价高的商品,关键要以可视化形式呈现出商品的"便宜感"。

从那以后,这位负责人开始大胆推销高单价商品,销售额和毛利额的数字都开始发生了改变。

像上面这样,当商品的"便宜感"、"节约感"和"价值感"都以可视化形式呈现出来时,以往完全滞销的商品或者高单价商品就会开始变得畅销。

当超市现场的各位人士掌握了故事销售的技巧时,就会发生令人难以置信的惊人变化。

可以说这是"魔法棒"点石成金般神奇。

第 4 章

蓝海模式下的"爆品打造"

——如果能激发顾客的情感，商品就会实现爆棚热卖

"有些事总得有人去做。与其期待别人，不如强大自己。"

卡尔·刘易斯（Carl Lewis）

"爆品"仍埋没在店内

常有商品部长抱怨"最近没什么热卖商品啊"。

此外，近来，每当和市场相关人士、批发商及生产厂商碰头时，采购人员总是会习惯性地问上一句："有没有在其他企业畅销的商品可以推荐呢？"

即便说热卖商品越来越少见也不为过。

另外，也有"技术类"的咨询人士宣称："热卖商品早就都被挖掘尽了！所以应把精力放在目前的商品上，想办法进一步完善改变。"

我却不认同这一观点。

我认为，"热卖商品"甚至是"爆品"仍埋没在店内。

实际上，我的客户企业打造出了无数爆品。

如图表㉒中列出的部分商品。这不过是其中的一小部分而已，为什么他们每年都能打造出如此多的"热卖商品"呢？

这是由于这些企业的采购人员执着于"每年都要打造新的爆款商品"而带来的结果。

我经常对采购人员说：

"如果和去年做法一样，销量一定会下降5%。所以要经常

图表㉒ 近年来出现过的"超级爆品"

• 菠萝切块	• 烧烤牛肉粒
• 伯爵甜瓜	• 猪排
• 水果店可丽饼（女儿节）	• "～人份"烤肉
• 西瓜切块	• 带托盘鳗鱼烤肉
• 品牌桃	• 麻利烤肉
• 南水梨	• 猪肉冷涮、猪肉温涮
• 苹果杧果	• 熏鸡
• 切块沙拉（圣诞节）	• 国王的炸虾
• 冬菠菜	• 提前上市的副食
• 品牌莲藕	• 健康便当
• 品牌土豆	• 高单价炸什锦
• 品牌南瓜	• "～人份"炸鸡块
• 高糖度西红柿	• 寿司三明治
• 夏季菌菇类	• 沙拉风面条套餐
• 黏滑蔬菜	• 小不点惠方卷
• 高级金枪鱼切块	• 健康（鸡肉）汉堡包
• 酱汁腌渍煮扇贝	• 夏季冷冻速食关东煮
• 应季新鲜刺身拼盘	• 夏季切糕
• 鰤鱼真空包装（正月）	• 夏季日式牛肉火锅酱汁
• 品牌鳗鱼	• 冬季面条调味汁
• 晚饭配餐鱼干	• 浓缩型调味汁、酱汁
• 大份鱼卵	• 品牌可可
• 鳐鱼	• 美味放心（无添加）调味料
• 鰤鱼排	• 规格外米果
• 后腿肉牛排	

去大胆尝试'向新事物发起挑战'。"

"热卖商品"不是指其他企业或合作伙伴的商品，而是埋没在我们自家企业的店铺中的商品。只要认真思考"切入点"，就能打造出"热卖商品"。

请采购人员务必试着找出这个"切入点"。

这样的话,就使每年都推出"热卖商品"成为可能。

不过,越是常年深谙此道的采购人员,"固有观念"越强,所以找不到这个"切入点"。所以,固有观念就会成为"打造热卖商品"的障碍,请各位先理解这一点。

"有没有误以为'不好卖'的商品?

"有没有受到'以往惯例'的影响?

"是不是过于担忧售价高,所以卖不动?

"是不是在不知不觉中与那些'趋势和流行'背道而驰?"

在上述观念中,各位如果只是符合其中一项,也算持有百分之百的"固有观念"。一旦摆脱它的束缚,各位就会打开思路,放开眼界。

例如,之前就有采购人员摆脱了"夏季菌菇类商品不好卖"的固有观念。

由此想到,如果在夏季推销市场价格较低的菌菇类商品,就会大赚一笔。

于是开展了一系列营销活动。在平台货架上推出了烤肉用蔬菜和天妇罗用蔬菜的关联销售,而且还在开放式保鲜柜中实施了捆绑销售等策略,通过各种措施贯彻营销策略。

结果取得了令人惊艳的超常业绩:整个菌菇类商品同比增

长了200%以上。

如图表㉓所示，各部门在摆脱了原有"季节性商品"的固有观念束缚后，其他商品也接连取得了与上面菌菇类商品一样的喜人成绩。

图表㉓ 摆脱"季节性商品"固有观念后，实现热卖的商品案例

春季~夏季	秋季~冬季
• 菌菇类	• 长芋
• 水菜	• 伯爵甜瓜
• 里芋	• 西兰花
• 白菜	• 笋
• 洋葱	• 金枪鱼切块
• 鲕鱼排	• 解冻三文鱼（冬）
• 调味鲱鱼子	• 蒲烧鳗鱼
• 后腿肉牛排	• 牛胸肉寿喜烧
• 麻利烤牛肉（瘦肉烤肉）	• 猪胸肉涮锅
• 牛肩里脊、牛排、烤肉	• 熏鸡
• 加盐烤三文鱼（春）	• 冷面套餐
• 日式炸牡蛎	• 烤鸡串
• 冷冻速食关东煮	• 毛豆
• 寿喜烧酱汁	• 辣白菜
• 切糕	• 日式面露
• 煮豆	• 大麦茶
• 日式点心	

摆脱"季节性商品"的固有观念束缚，打造爆品

摆脱"季节性商品"的固有观念束缚，打造"热卖商品"，带来的不仅仅是提高销售额的效果。

倒不如说，较之于"提高销售额的效果"，它带来的更大益处是"提升毛利额的效果"。

之所以这样说，是因为从采购人员开始，所有相关人员都持有一种"固有观念"，所以才会有商品市场价格偏低或者破格价条件的出现。

但即便如此，也没必要以超低的价格售卖。

因为其他企业和竞争店都没有在售卖。

这实际上就相当于企业处于"蓝海"状态之下。只要商品价格实惠就会畅销。

所以，就会实现令其他企业"眼红"的盈利。

这样打造出的商品，不仅能成为热卖商品，还可能成为"超高毛利的商品"。

由此可见，企业仅是摆脱了"季节性商品"这一固有观念的束缚，就能在实际中获得这样喜人的结果。

具体而言，在这一行业里，由于长期以来"价格实惠感"的观念根深蒂固，所以采购人员持有一种"售价高就卖不动"的固有观念。

如果尝试忽略这一固有观念，就会打造出意想不到的热卖商品。

或许，有很多采购人员会产生疑问："售价高也能好卖吗？"

我对这一疑问的回答是：这是因为实行了商品"价值"的可视化，所以会畅销。

一直以来，由于没有搭建"价值可视化"的文化，所以卖方和买方一直都持有一种固有观念，认为"这件商品的话，应该差不多就是这个价吧"。

然而，当以"故事营销"为主的"价值可视化"的文化开始出现后，高价商品也没有在市场上遇冷，反而开始走上畅销之路。

说起精肉销售的常规做法，就是"定额销售"或者"捆绑销售"。

只要经历了一次成功大卖，就很难停下"定额销售"和"捆绑销售"的步伐，这正是典型的体现"实惠感"的促销活动。

应该试着放弃原有的"定额销售"，切换成"按分量销售"的方式。

切换销售方式的主要原因只有一个,那就是希望能实行"可视化"。

的确如此。在决定实行"~人份的分量"可视化的那一瞬间,就不得不终止以前的那种体现实惠感的促销活动。

起初,包括卖场负责人在内的所有人都反对终止定额销售。

这里,用"强烈反对"这个词来表述或许更为恰当。

但是,采购一遍遍地做他们的思想工作,最后采购的一句话,"总之先做10天的尝试。条件是你们要按我说的去做",才让卖场负责人"勉勉强强"做出了让步,开启了"分量销售"。结果怎样呢?

即使是在工作日的日子,1盒2000日元以上的牛肉商品也很畅销。连1盒1000日元以上的猪肉商品也卖得动。1盒500日元以上的肉馅商品也能销出去。

对这一结果最感到惊讶且深受触动的人,反倒是竭力说服大家"总之先做10天的尝试"的采购自己。他表示,"我开始也没想到会这么畅销……"

因为他最初的想法是,将1盒2000日元以上的商品打造成形象商品,尽量主推那些1盒1000~1500日元的商品。对于猪肉和肉馅商品也是同样的想法。

然而,却出现了与采购人员的预期完全不同的结果,而且是朝着好方向的不同结果。

接着，卖场负责人是什么反应？实际上，他们完全忘了自己当初是怎么强烈反对的了，已经沉浸在巨大的喜悦之中。因为"销售数字发生了巨大改变"。

为什么商品畅销了？因为"~人份"的价值和"1人份单价"都以可视化形式呈现给了顾客。

只不过是采用了可视化方法而已，就产生了令人如此难以置信的结果：销售额达到了130%以上，品单价达到了140%以上。

这一切变化都始于采购人员摆脱了"售价高就卖不动"这一固有观念的束缚。

"商品命名要体现美味"是我一贯的主张

还有其他摆脱"售价高就卖不动"这一固有观念束缚后，走上畅销之路的商品。如图表㉔所示。

实际上，顾客也在寻找"是否能买到一些与众不同的商品"。

他们时常怀着一种类似"寻宝"的心情。

然而，超市全面贯彻的却是"遵循标准手册"、"打造实惠感"以及"推出应季商品"等固有观念，因此，打破既有框架

图表㉔ 摆脱"售价高就卖不动"的固有观念后，实现热卖的商品

- 伯爵甜瓜
- 国产苹果杧果
- 藤稔、先锋等大粒葡萄
- DX草莓
- 品牌毛豆
- 高糖度西红柿
- 高级金枪鱼
- 特大带头虾
- 夏季螃蟹（帝王蟹、松叶蟹）
- 500日元/P以上的鱼干
- 1000日元/P的明太子
- 3000日元以上的烤肉套餐
- 5000日元以上的寿喜烧用肉
- 5000日元以上的涮锅用肉
- 大盒碎肉块
- 大盒混合肉馅
- 大盒猪肉馅
- 5000日元以上的寿司拼盘
- 5000日元以上的油炸食物
- 1000日元以上的中式套餐
- 300日元以上的甜点
- 500日元以上的长崎蛋糕
- 100%鲜榨果汁饮料
- 国产花生
- 品牌米果
- 品牌巧克力

一直以来都被视为禁忌。

所以,"无论去哪个超市都是一样",顾客的固有观念也就随之产生了。

现如今,热卖商品越来越难以出现,而眼下正是打破这一固有观念的重要时机。

说到这里,各位可能道理都明白,但还是会在心中冒出无数个问号:"那么,我们该怎样做才能发现热卖商品啊?"

各位请看图表㉕。这是"商人传道师流派打造爆品的步骤"。

首先,请各位仔细观察一下自己的卖场和商品。

希望各位站在顾客的角度,找出会令顾客感到"不平、不满、不安、不便"的地方。

"牛里脊肉好贵啊。有没有更便宜可口的牛排啊?

"因为健康食品的潮流,所以豆腐很畅销。只要买点儿就行,希望买到量少且价格适中的豆腐。

"春天明明和秋天气候相似,却买不到烤鱼。"

像上面这样,找出那些从顾客立场出发感到"不平、不满、不安、不便"的地方。

如果自己发现不了,就让女性员工和卖场负责人也参与进来,共同找出问题点。

如果找出了符合"不"的问题点,接着要挖掘或者开发出

第4章 | 蓝海模式下的"爆品打造"

图表㉕　商人传道师流派的"赢利"流程

找出令顾客感到不平、不满、不安、不便的地方

↓

顾客希望商品更"便宜"，但又不希望失去"美味的口感"，如果能"简单"烹制，就会无可挑剔

较之现有的热卖商品（畅销商品），要考虑如何通过新品实现消除以上各种"不"的商品化

↓

"地产地销""安全和安心""健康""便宜"等关键词

考虑商品是否实现了可视化，能向顾客传递出"购买商品的好处"

↓

"购买好处的可视化"是关键

考虑如何实现商品（化）和打造卖场（花心思、下功夫）

↓

故事宣传板、故事POP、故事价签贴的灵活运用

以可视化形式向卖场负责人展示销售商品能带来的"好处"

这点最为重要！

↓

实现"卖场"中商品的可视化

↓

成为"爆品"的可能性变大

135

能解决这些问题的新商品。这是采购人员擅长的领域，所以应该轻易就能实现。

接下来的步骤是关键。对于那些已经挖掘或者开发出的新商品，我们要考虑如何才能"通过可视化的方法，向顾客清晰传递出'购买商品的好处'"。

因为如果我们不能将购买这款商品所带来的好处以可视化的形式清楚地呈现给顾客，那么这款商品就不可能销售出去。

而且，当确信能实现商品在"购买的好处"上的可视化后，接着就要考虑"商品化"、"商品命名"以及"卖场展示"。

尤其是近年来，生鲜部门最引人瞩目的就是商品命名。这是非常重要的。

我的客户企业也通过商品命名成功打造出众多爆品。

例如，"麻利烤肉（薄片烤肉）"（照片⑥）、"梦幻般的马肉刺身（五花马肉刺身）"（照片⑦）、"国王的炸虾"（照片⑧）、"海援加吉鱼（养殖加吉鱼）"、"小酒馆的鱼干（肉质鲜美的鱼干）"、"水果宝石（国产樱桃）"等。

"商品命名要体现美味"——这是我一贯的主张。值得注意的是，一款商品可能会因命名而意外地火爆。

不过，有比商品命名更重要的工作。

那就是，"要说服卖场负责人"。

第4章 | 蓝海模式下的"爆品打造"

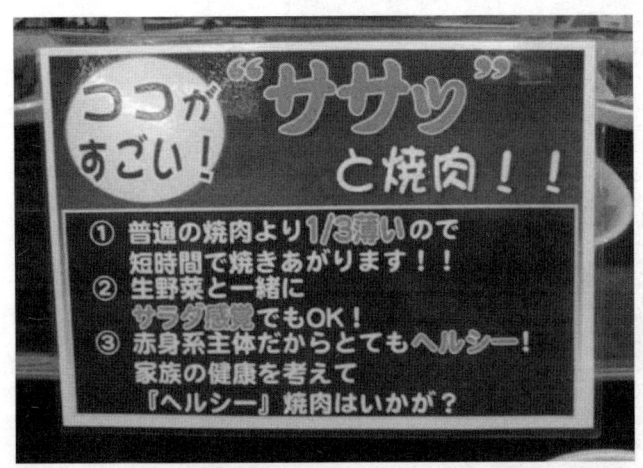

照片⑥ 通过"购买商品能给顾客带来的好处"的可视化，一跃成为"爆品"。

照片⑦ 在"盂兰盆"节时，通过"限定商品"的可视化，以及"稀缺价值"的可视化，打造成"爆品"。

照片⑧ 在给商品"命名"的同时，以可视化形式展现其"实惠感"，一份198日元的炸虾成了"超级爆品"。

卖场负责人如果不认真去推销商品，就不会有"超级爆品"的出现。

为此，要向卖场负责人透彻说明"销售商品会带来的好处"。

比如，"全面推销这款商品的话，毛利额会得到提升"，或者"我们店会拉开与竞争店的差距，从而进入蓝海市场的模式"，"有利于打破陈规的销售额提升方法"。

关键在于，我们要说明销售商品能带来的益处，并得到卖场负责人的认同。

作为一种"诀窍"，就是动员采购人员平时就选好作为说服对象的"那个卖场负责人"。

第4章 | 蓝海模式下的"爆品打造"

总之,应当采取的最优先措施是,哪怕先从1家门店开始做起,使"业绩"和"成果"迅速发生巨大转变。

然后,把这一成果相关信息传达给所有门店,实现"信息共享"。这样将极大地提高商品成为"超级爆品"的可能性。

您理解了吗?

于是,我将成功打造"超级爆品"归纳成为5个要点。(如图表㉖所示)

图表㉖ 成功打造"爆品"的5个要点

1.将"购买商品能给顾客带来的好处"以可视化的形式呈现出来!

顾客购买的是**"价值"**
例如:水果拼盘、"~人份"、鱼类地产地销熟食商品、应季炸什锦、水果番茄

顾客总是在寻求是否存在**"更便宜、更方便和更美味"**的商品
例如:散寿司拼盘、猪肉烤肉、青甘鱼片涮锅

顾客期待**"有特色"**的商品
例如:以可视化形式展示商品更便宜、更方便、更美味的特点

2.针对市场价格较低的商品和反常识（摆脱常识）的商品，要对"畅销切入点"实行可视化

与主力商品相比，如果商品能为顾客带来好处，就能实现畅销
例：应季近海生金枪鱼、迷你炸什锦

与主力菜单相比，如果"便宜""健康""用途广泛"，商品就会畅销
例：后腿肉牛排、小份牛排、健康炸鸡排（汉堡包）、应季海鲜拼盘

如能实现"菜单""食用方法"的可视化，商品就会畅销
例：青甘鱼、旗鱼排、超大份沙丁鱼干、超大份明太子和鳕鱼切块

在"商品命名"和"商品化"上下功夫，商品就会成为"超级爆品"
例：麻利烤肉、精美熟食、鳗鱼托盘烤肉、2人份刺身

3. 以可视化形式展现顺应"时代变化"的商品（化）

- 对应"小家庭趋势"
- 对应"安全和安心"
- 对应"地产地销"

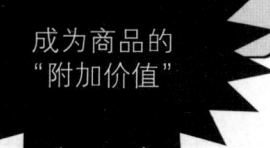

成为商品的"附加价值"

<超级爆品案例>
- 打造量少且附加价值高的商品
- 添加"故事"的商品化（熟食）
- 巧花心思使"地产地销"的标识在3秒内就能被看到

4.通过"诉诸五感"的体验营销打造"超级爆品"

- "现场演示"营销
- "芳香和气味"营销
- "声音"营销
- "味道对比试吃"营销

人的"五感"
刺激（视觉、听觉、嗅觉、味觉、触觉）

<超级爆品案例>
- 菠萝切块、现场切割西瓜、现场煮制食品
- 菌菇类商品现场电磁炉烹制、炸虾现场烹制
- 牛排现场切块和现场烹制

5. 通过"节日"的布局策略推出"触手可及"的美食

- 在"消费两极分化"的背景下，节日就是要花钱消费

- 价格亲民的美食（触手可及的美食）拉动消费

- 以"故事营销"刺激消费者的需求

①将"购买商品能给顾客带来的好处"以可视化的形式呈现出来

与以往相比,顾客更希望购买到更便宜、更方便、更美味和更健康的商品。

同时,顾客最青睐的是"与众不同"的商品,即"只有这家店才有售"的商品。

所以,我们需要采取措施(="可视化")向顾客传达商品的特色之处,让顾客自身认可商品"确实是有购买的价值啊",这样就会推动"爆品"的产生。

②针对市场价格较低的商品和反常识(摆脱常识)的商品,要对"畅销切入点"实行可视化

常言道:"另辟蹊径,别有洞天。"

市场价格较低的商品和行业非常识(摆脱常识)商品的确就相当于"洞天"。

之后要做的就是以可视化形式全面展现"推荐这件商品的原因"。

诸如"购买这件商品也能给顾客带来很大好处"以及"因为市场价格偏低,所以可以便宜买到"等,将这些好处全面呈现给顾客。

这样一来，即使是被行业视为摆脱常识的商品，如果是可以做到节约或者只需简单烹制的商品，对于顾客而言，也会成为所谓的"幸运商品"。

因此，这样的商品百分之百会成为超级爆品。问题只在于如何大胆地开展营销活动。

只要商品能激发顾客的情感，就一定会成为超级爆品

③以可视化形式展现顺应"时代变化"的商品（化）

也就是所谓顺应"时代潮流"的商品（化）。

例如，"节约（感）""便宜（感）""地产地销""安全和安心""单身食品化（应对小家庭趋势）"都是如今的潮流。

我们需要彻底将这些内容以可视化的形式呈现出来。

也就是说，通过"故事营销"去挖掘那些可能会成为超级爆款的商品。

例如，凉面和意大利面商品要标明"每一份的单价"。

切糕和大麦茶商品要标明"每块及每升的单价"。

关键是要找准顾客当下对什么感兴趣。

只要找出顾客的兴趣所在，就有助于发掘"超级爆品"。

④通过"诉诸五感"的体验营销打造"超级爆品"

实际上，在同样的商品中，有通过激发顾客的五感（视觉、听觉、嗅觉、味觉、触觉）而成为爆款的例子。

例如，商品切块加工售卖的"现场演示"营销、"芳香和味道"体验营销、实际演示"声音"营销、"不同口味"试吃营销都符合这种营销方式。

各位采购人员、卖场负责人，不知在你们的部门是否有可以用来激发顾客"五感"的商品？

请各位务必试着挖掘寻找一下。相信一定会存在这样的商品。

只要我们在卖场中运用这种能激发顾客"五感"的营销策略，商品的销量就可能比简单摆放陈列高达几倍乃至几十倍。采用这样的招数策略非常有价值。

通过这样的做法，就有助于创造出"超级爆品"。

⑤通过"节日"的布局策略推出"触手可及"的美食

今后，"消费的两极分化"趋势将会越来越明显。

在平时和非节假日里，消费者的"节约感"意识会非常强烈。

然而，与之相反的是，在庆祝活动以及节日里会舍得花钱消费，消费者的"美食取向"会增强，希望购买一些美味商品。

我将消费者所表现出的这两种截然不同的购买行为定义为"消费的两极分化"。

所以，我建议，在庆祝活动以及节日里，超市要大胆地向顾客推出"触手可及"的美食商品。

也就是提供所谓"价格亲民的美食（触手可及的美食）"商品。想要推销这类商品，关键要通过"故事营销"来刺激消费者的需求。

这样一来，顾客购买商品的概率就会极大地提高。尤其是，在庆祝活动以及节日里，顾客会积极选购超市推出的"超级爆品"。

这是因为，他们是在"节日就要花钱消费"这种心情的驱动之下前来购物。

所以，如果商家通过"故事营销"等方式激发出顾客的情感（情绪），商品就一定能实现火爆热卖。

所以，请各位务必去挑战一下。因为这种庆祝活动以及节日在全年高达 10 次以上。

正因为处于商品滞销的时代，所以才要打造"畅销商品"

对采购人员而言，"低价进货"也是重要的工作内容。

然而，绝对不能忘记的是，开发"热卖商品"也是采购人员的工作内容。

但是，我总感觉不知从什么时候开始，打造"热卖商品"似乎正在被他们逐渐遗忘。

那么，在当今这个不容易出现"热卖商品"的时代，我们该怎样做才能打造"热卖商品"呢？

让我给各位提出一些"启发"吧。

首先，采购人员需要从"思路"和"切入点"入手。

如果"想法"和"切入点"不明确，而且商品只是"外观漂亮"，或许一两次卖得好，但终究还是无法成为热卖商品。

这是因为顾客无法从这款商品中发现"价值"，所以不会继续产生购买。

因此，有必要找出令顾客感到"不平、不满、不安、不便"的问题点。

而消除这些"不"将成为打造"超级爆品"的决定性因素。

其次，采购人员要经常把商品"为顾客带来的好处"作为第一目的来考虑。

在打造商品时，该商品对于顾客的购买是否存在好处，将极大影响其成为爆品的成功概率。

这就是能"打造爆品的采购人员"和普通采购之间的"一层纸的距离"。

而且，如果能实现"可视化"，商品就一定会畅销。

顾客最终购买的还是商品的价值。这是我一贯的看法。

我的客户企业就凭借此种做法打造出众多的爆款商品。

他们在"商品化"、"商品命名"、"卖场展示"以及"故事营销"的方面实现了全面可视化，由此打造出热卖商品。

在此基础之上，采购人员还要让卖场负责人"认真对待"商品的销售活动。

为了让卖场负责人"认真对待"销售，以全力打造热卖商品，采购人员需要不断进行说明，直到负责人认同为止。

要知道，"无论怎样劝说，对方都未必会采取行动；唯有让对方彻底认同，才会促使其真的行动起来"，这是行动科学理论的原点。

如果这样还不行，那就打造"成功案例"。这样的话，就必然能"让人行动起来"。

为此，我们必须实现信息共享，同时要具备坚定的信念，坚持下去，直到成功为止。

热卖商品的特点是，热销之前沉淀的时间越久，热销时间会越长。

如果热卖商品很轻松地就能打造出来，这就意味着也很容易被竞争店模仿，因此这股热潮会转瞬即逝。

商品的"独创性"越高，"稀缺性"越高，热销时间就会越长久。

所以，关键在于我们要做到持之以恒。

如果能做到信息共享，各门店的负责人就会不断地进行"改善、改革、进化"，直至商品畅销为止。这样，打造出热卖商品的节奏就会加快。

正因为处于"商品卖不动"的时代，所以打造"畅销商品"才如此重要。

正因为处于"商品卖不动"的时代，所以才存在"超级爆款"的商机。

请各位想象一下：如果在店铺的各个部门中爆款商品不断涌现出来，结果会变得怎样？

企业就能打造出完全不同于竞争店和其他企业的特色店铺。

这样就能打造出"蓝海"模式的店铺。

这样一来，无论是从集客上，还是从销售额上都会得到提升。同时，企业会越来越"赢利"。

"利润"并不只是通过低价进货赚取差价才能获得。

打造"热卖商品"同样是企业"赢利"的手段之一。

站在"顾客的立场"考虑企划，成功概率会大大增加

当经济形势低迷时，顾客会采取怎样的购买行为？

①只会购买价格便宜的商品。
②不管多么便宜的商品，只要不是需要的商品就不会购买。
③不会购买多余、额外的量。
④顾客只会在自己感到"划算"时才购买。

基于顾客的购买行为，今后我们必须改变商品的促销手法。

如果顾客购物时想要做到"节约省钱"，会采取怎样的购买行为呢？

那就是，"总是购买固定的商品，总是去固定的店铺，总是在固定的星期几"这样的购买行为。

各位是不是也深有体会呢？

如果去平时常去的超市以外的地方购物，就会看到很多"稀缺少见的商品"、"便宜的商品"以及"看起来美味的商品"，

因而在不知不觉间就会"买多"。

我亲爱的夫人就是这样一个"典型"。她常常会发出这样的感慨,"哇!这里的商品好便宜。因为这么便宜,就买下来吧",或者"哇!看起来很好吃。家附近的超市可没有这个卖呢!先少买点吧"。

所以说,对于顾客,想要"节约省钱"的话,最好的购物方法就是"惯例购物"。

因此,销售方也必须配合顾客的这种惯例购物,将店内促销变成"惯例促销"。

大家或许会认为"以前不就是这么做的嘛!",但如果我们还按过去的做法,推出像"〇〇日"之类的惯例促销活动,那就不可能产生良好的效果。

我们必须通过不断"进化",打造出能赢得顾客压倒性"支持"的惯例促销才行。

我将这样的惯例促销命名为"蓝海促销(店内推广活动)"。

那么,怎样做才能使惯例促销得以进化呢?

首先,我们必须确定惯例促销的"企划"方案——"何时,准备以哪些商品,以什么样的企划来开展促销活动呢?"

如果还是像以往那样,推出诸如"蔬菜日""吃肉日""豆腐日""牛奶日"这类较为泛泛(抽象)的惯例促销,将100%不能赢得顾客的支持。

我们必须制定出能触动顾客"潜在意识"的那类企划方案。

比如,"面包的话,要推出怎样的促销活动才能让顾客开心?",或者是"肉馅的话,大概便宜到什么程度能让顾客高兴?",就像这样应"站在顾客的立场上"来考虑企划方案。

与之相反,最糟糕的是,"因为成本价是这么多,那就用这个价做促销吧",或者是"由于毛利率比较低,就按这个价格吧"等,以这样的思路来考虑企划方案。

可以断定,这样的促销企划将100%得不到顾客的支持。

各位可能会认为"这么做的话,我们不就有损失了吗?",但实际上这才是看出采购人员厉害之处的地方。

"站在顾客的立场"所考虑的企划方案,自然会有相当高的成功概率打造成"热销火爆的促销活动",接下来要考虑的问题就是"不能低于成本"。

因此,采购与生产厂商、批发商进行商务谈判时,不管是10%还是15%,都要尽可能地去争取毛利率(加价率)。

谈判时的"重点"是要向厂商表态,"我们的最终目标是,要在〇个月后完成〇〇的销售额,请各位尽量配合我们的工作"。也就是说,超市方面要明确提出"销售额目标"并"表明自身的态度"(积极宣言)。

"面包商品全部打 7 折""唉，没有赚头了"

采购通过表明态度，就能把自身对工作的热情干劲儿传递给厂商合作方。

更重要的是采购通过自身表明态度，也有助于向卖场负责人传递"向新事物发起挑战"的宣言。

这类"站在顾客的立场"所考虑的促销企划方案，如果想获取"毛利额"，接下来的工作是设定出"目标销售额"。

设定目标销售额时的"标准"是，依据"要想达到不做促销企划时的毛利额指标的话，需要完成多少销售额才行？"计算而来。

这正是第二个重点。

如果我们至少能达到不搞促销活动时的"毛利额"指标，不仅销售额会实现飞速增长，通过促销还能带来整个店铺客流量的增加，结果没有比这更好的了。

然而，现在大多数超市的实际情况是，在制定"惯例促销企划"时，几乎都未能计算具体的"目标销售额"。

超市会陷入越是制定惯例促销企划，"毛利额"越会下滑的困境，所以别再做这种不赢利的惯例促销活动了！

促销企划成功的关键在于，我们能否计算出毛利额绝不下滑的"目标销售额"。

而这所谓的一层纸的距离，最终体现出来的结果是天壤之别。

为了实现目标销售额，就需要力争做到"营销方法的进化"。

不过，如果毛利率（加价率）降了一半时，销售额不能提高到2倍的话，就无法保证毛利额。

当然，我们还采取和平时一样的销售方法，就绝对无从实现销售额的翻倍增长。

所以，如果不去挑战与以往不同的销售方法的话，"目标销售额"就会成为"一纸空谈"。

可能有人会抱怨说："但我想不出很好的销售方法呀！"

那么，就让我们借鉴一下惯例促销活动的成功案例吧。

有一个案例是，"面包商品全部打7折，客流量增加了20%以上"。

几乎大部分企业（店铺）一听到"面包商品全部打7折"，就会打算放弃："唉，这也没有赚头啊。"但，请各位再好好考虑一下。

在所有面包商品的打折促销活动中，如果至少能保证个位数的毛利率（加价率），就能达成毛利额。

之后就看能有多少销量了。"DONTAKU ASTY"店（石川县七尾市）的采购员山泽睦子女士，最开始也对此持怀疑态度：

"所有面包商品都要打折的话，毛利润绝对会下滑。"

"靠所有面包商品打折怎么可能达到吸客效应呢？就连低于成本价销售都不可能实现集客。"

面包还摆在面包卖场以外的地方，店铺内"到处可见"

然而，作为店铺运营部长和店长，无论如何都想得到吸客引流的利器。

因此，他们就说服了女性采购："我们要推出周六面包商品全部打7折的促销活动！"

首先需要设定出"目标销售额"。为了达到不搞7折促销活动时的毛利额指标，销售额要达到"同比的180%"才行。

这就意味着，卖场必须想方设法去突破销售额60万的大关。

在听到这一目标销售额的瞬间，烘焙负责人马上就反驳道："不可能卖那么多！"

但是，与其说服烘焙负责人，不如说服店铺运营部长和店

第4章 蓝海模式下的"爆品打造"

长必须成功实现这一目标。

于是,决定去那些成功企业的店铺进行一番考察学习。

随后,他们效仿了"通过面包7折促销活动,1天就能卖到100万日元的店铺"和"通过面包7折促销活动,1天能达到80万日元销售额的店铺"的做法。照片⑨所示的就是他们在参照这两家店铺后打造的卖场。

照片⑨ 通过"超长POP广告"和"打7折后的商品售价"等POP,来打造"商品低价的可视化"。

出乎意料的是,当打折促销活动实施到第21次的时候,竟然真实现了卖场负责人一开始否定的"不可能卖那么多!"的目标销售额。

卖场负责人对此也是惊讶不已。但是,因为采购人员需要对毛利额负责,所以他们希望毛利额能超越未实施促销时的

155

指标。

于是，大家的积极性越发地高涨起来。面包还被摆放到面包卖场外的区域进行陈列销售，可以说店内"随处都是面包"。

"面包商品全部打7折"实现了"商品魅力可视化"，结果是顾客的口碑不断发酵，客流量增长呈"直线上升趋势"。

这个实际案例说明了商品不必低于成本价销售，照样能起到吸客引流的效果。

在确保促销商品的面包的毛利润额的同时，销售额也创造出了惊人的业绩。

与此同时，富有活力的卖场展示又拉动了客流量，所谓"成功的连锁（龙卷风）效应"应运而生。

此处的重点是，打造"富有活力的卖场陈列展示效果"和"可视化"。

由于惯例促销是每周都会重复的活动，所以如果卖场不能营造出"惊喜感"，无论是顾客还是卖方都会感觉"陈规老套"，而容易形成"厌倦感"。

因此，既是为了防止促销活动内容、形式陈规老套，也是为了以"可视化"形式呈现出与竞争店铺的鲜明差异，我们必须打造出富有活力的卖场陈列展示效果。

照片⑩是活力卖场的案例。

如果卖场能达到这种富有活力的陈列展示效果，就不容易

第4章 | 蓝海模式下的"爆品打造"

照片⑩　照片中展示的是"新干线式陈列"。卖场通过给顾客意外的惊喜和可视化的陈列，提高了顾客的视觉感知。

被竞争店所模仿。

因为他们既担心商品损耗，也不明白卖场展示是基于"毛利额的出发点"。

所以，即使竞争店在惯例促销自身的企划方案上能做到照搬复制，在卖场陈列展示上也无从实现模仿。

这样的话，我们与竞争店之间的"差异"就能以"可视化"的形式清晰展现出来，所以基于"毛利额的出发点"的惯例促销活动会越来越受到顾客的青睐，也就完全能确保达成毛利润额，销售额自然会随之实现增长。

如果我们只是停留在"举办惯例促销"的水平，是绝对不行的。

157

"惯例促销为了确保毛利额，必须开展具有压倒性优势的卖场陈列展示，并以可视化形式呈现给顾客"，也就是超市商家必须以这样的水平开展惯例促销，否则很难达到预期的效果。

这正是我们与竞争店的"差异"所在。

只有打造成差异化的企业（店铺），最终才能"赢利"。

第 5 章

蓝海模式下的"现场培训"

——从部门临时工到收银员的战斗力提升方法

"表扬固然很重要。但更重要的是，要播下鼓励的种子，这样才能收获更多成长。"

（原中学教员、国语教育实践者　大村滨）

为什么不开展临时工培训?

由于工作关系,我经常有机会听到各种超市经营者的事迹,也经常会浏览杂志等刊物上登载的访谈评论内容。

在耳濡目染的过程中,我逐渐产生了一个疑问。

那就是,为什么超市明明是以临时工占比80%为目标,却不为临时工提供职场培训?

或许企业是出于这样的出发点,通过制定"手册"和"工作机制",让临时工严格按照要求进行作业的话,即使是人力成本低于正式员工的临时工,也能参与到店铺运营工作当中。

但是,在今后经济形势严峻的时代背景下,这样的"店铺运营"思路是否还能适用呢?

当然,正是因为我们面对这样一个突如其来的严峻的时代形势,所以才会迫切地想要实现"低成本运营",我认为这种想法本身无可厚非。

尤其是,"人力成本"几乎占到企业运营成本的一半,因而作为企业经营者而言,削减人力成本是理所当然的举措。

然而,如果是这样,企业或许更应该加大对临时工的"培训投资"。

也就是说，企业或许有必要把临时工视为"人财"而非"人才"。

企业的经营层也许认为，"在人数众多的临时工和普通员工身上进行培训投资实在是耗费成本"，"有不少员工培训完就离职"。

因此，在本章中，我会为各位提出一个解决方案：如何花费较低的成本来开展高效的现场培训，让培训真正落地。

在此基础之上，我还会为各位介绍具体的成功案例："临时工"和"收银员"等女性员工的培训，以及女性员工优势的发挥，将会成为企业和店铺的强大"战斗力"。

我认为，或许可以这样断言：今后，"现场力"无疑将会成为决定企业业绩的关键。

这样说是出于以下原因：

①本部的采购人员虽然能获得"毛利率（加价率）"，但"毛利额"的获得取决于现场负责人（参考第3章内容）。

②随着"门店之间的差距"逐渐拉开，总部的"统筹管理"有一定的局限性。

③在竞争愈发激烈的背景下，最大限度地发挥店铺员工的个人综合实力和现场力，这是今后竞争店对策的核心内容。

④临时工中有很多优秀的人才。

⑤想要"将原石打磨成钻石"，只有通过培训才能实现；而

且，很多临时工都渴望接受这类培训和信息。

⑥ "知道一件事"和"传授一件事"是完全不同的两个概念。现实就是，无论怎样开展店长培训和采购人员培训，还是有很多人无法胜任培训工作。

难道企业就不想在以"临时工占比80%"为目标的同时，"提升店铺实力"吗？

在我看来，没有任何一个企业的经营者和人事负责人会认为：力争达到"临时工占比80%"，但"店铺实力下降也无所谓"。

这样的话，我们只要考虑"解决方法"即可。

实际上，"现场培训"才是企业"低成本运营"的原点。

全面实行"现场培训"，将有助于提高临时工、小时工和普通员工的技能水平以及积极性。

其实，这正是实现"低成本运营"的关键所在。

当然，"系统化运营"和"标准作业化"也非常有必要。

然而，系统也好，标准作业手册也好，实际上都需要人为来操作。

如果不能提高员工的"个人综合实力"，"系统化运营"和"标准作业化"都将成为一纸空谈。

所以，"低成本运营"的原点是"现场培训"。

这也是通往"赢利性企业"和"具备赢利能力企业"之路的捷径。

通过分享成功案例，提高企业"标准"

在效率最高且收效最明显的现场培训方法中有一项是"实现信息共享"。

具体来说就是建立一个机制：由所有门店和所有员工，共享那些在店铺和卖场实施的项目中取得压倒性胜利的成功案例。

而且，对那些提供了很多"成功案例"的负责人、业绩突出的负责人给予适当合理的肯定。

我称之为"实现信息共享"。

现如今，我们既有"邮件"这样便捷的方式，也有"数码相机"这样好用的工具。

如果有效运用这类手段，很快就能在全体店铺和企业全体员工中实现共享。

需要顺带一提的是，很多企业都采用"邮件"的方式下达内部"通知"或者发出"社长寄语"等。

但员工并不怎么看这类内容。因为他们觉得看了"也没什么意思"。

"通知"邮件里肯定尽是"那样做不行""禁止这样做"之类的内容。

这么说可能有些失礼，"社长寄语"也只有店长以上级别的管理层会看。

但是，所有人都会看"成功案例"。

因为，卖场负责人经常会为"商品销售动向"及"损耗对策"而大伤脑筋。

此外，还有一个原因是出于人的竞争心理：不想输给那家店的那个负责人。

它意味着，不希望处于相同立场的人在工作中取得凌驾于自己之上的突出成绩。

大家都对这类成功案例兴致盎然，如果上升到"赢得所有门店肯定"的话，就会越发让人斗志昂扬。

所以，通过共享成功案例，公司和店铺的"标准"就会进一步提升（图表㉗是"实现信息共享"的案例）。

互联网已经在日本全国的各个角落普及。

同时，以"宽带"为主的高速电路开始普及后，利用互联网也可以发布"影像视频"。

如今，这一"影像视频发布"的功能已经全面普及开来。

诸如"鲜鱼切片方法""刺身切法""薄片切肉的方法""熟食的油炸方法"等，超市里有很多部门对"技术和技能"要求比较高。

图表㉗ "实现信息共享"的表格案例

鲣鱼半敲烧的单品走量营销样本
实施日期：3月21日（周六）

1.平台货架商品陈列

平台货架B	鲣鱼半敲烧大块切 1片切 5盒	鲣鱼半敲烧块切 1/2切、 1/3切 6个排面	鲣鱼半敲烧 鲣鱼生鱼片 2个排面 鲣鱼半敲烧 寿司 2个排面
			鲣鱼半敲烧片切 1人份……4个排面 2人份……2个排面 3人份……1个排面

→ 客动线　　*采用16尺长货架的陈列展示

2.销售计划/业绩表　　　　　（单位：日元、个）

商品名称	售价	成本价	加价率	计划销量	计划销售额	销售业绩	消化率
鲣鱼半敲烧块切	128	105	18.0%	80	10,240	67	83.8%
鲣鱼半敲烧片切1人份	280	165	41.1%	75	21,000	74	98.7%
鲣鱼半敲烧片切2人份	560	330	41.1%	20	11,200	13	65.0%
鲣鱼半敲烧片切3人份	840	495	41.1%	10	8,400	5	50.0%
鲣鱼半敲烧 生鱼片	398	250	37.2%	10	3,980	7	70.0%
鲣鱼半敲烧 寿司	398	240	39.7%	5	1,990	5	100.0%
			0.0%		0		0.0%
合计			36.6%	200	56,810	171	85.5%

第5章 蓝海模式下的"现场培训"

3.平台A、B照片

平台A

平台B

[关键点]

为了将通常以100g198日元售卖的鲣鱼半敲烧块卖到100g128日元,卖场强化了大块装鲣鱼商品的销售。
虽然我认为这种做法可能是超市为了提高商品单价而采取的做法,但实际上考虑到顾客可能存在对这种大块鲣鱼商品的需求,如果重点进行陈列展示,销量很有可能得到提升。

[关键点]

作为MEAL PLUS商品的"炭烧鲣鱼"通常是在小于8尺的平台货架中销售,但卖场特意扩大到16尺宽,是一次非常好的尝试。而且还添加了10张以上的POP广告,虽然能明显看到卖场重点进行推销,但未能展开导购试吃活动等。缺乏试吃活动,让人感到有些遗憾。

4.有关销售业绩

①销售额的反省

采购了90kg的鲣鱼,卖出54kg。其中鲣鱼块分成大块切、1/2切、1/3切,鲣鱼片切又分成1人份、2人份、3人份以及生鱼片,在卖场进行推销,此外还推出了鲣鱼寿司。

②提高下次销售额的策略

由于鲣鱼还是3月PI值的人气商品,所以需要重点进行陈列展示。建议下次积极推出导购试吃活动。其他商品也应积极向"超常值"的业绩发起挑战。

以往，这些内容都以"标准手册"的书面形式在全体员工内部"实现信息共享"。

随着时代的发展，采用影像视频的形式就可以轻松"实现信息共享"。

如果能将"网络"和"影像视频的发布"相结合的优势最大限度地发挥出来，就会产生"低成本"加"高回报"的效果。

特别是对于那些拥有10家以上的门店或者是开店扩张范围较大的企业而言，这种效果尤为明显。

不管是身在店铺还是休息日在家里，什么时候都可以轻松随意地观看视频。

各位不觉得，这种现场培训效果更好吗？

运用互联网电视的员工培训成功案例

总店位于福岛县相马市的"株式会社 kikuchi"，从 2008 年起运用流通业专业互联网电视"商人网"（http://www.akindonet.com/），全面开展面向企业全体员工的培训。

起初，由于大部分员工缺少互联网使用经验，加之互联网视频受众有限，培训效果不明显。

然而，当收看视频的员工按照互联网视频的培训指导内容进行实操后，业绩"明显"提升，其他员工目睹后，也陆续加入到视频学习的队伍中来，店铺的业绩也随之逐渐提升。据悉，其中最明显的效果包括以下几点。

①店长以下的全体员工，通过收看培训视频，统一了"标准"和"方向性"

②采购人员和主管人员通过共同收看培训视频，统一了"思路"

③培训视频中还有"旺铺"的专题节目，并非一小部分员工，企业所有员工都通过视频获得了和实际考察旺铺后一样的感受，提高了效仿学习的速度

④因为是影像视频，所以无论是临时工还是年轻员工都能很快熟悉并掌握实操方法

⑤因为技术方面的内容也是影像视频形式，所以简单易懂，技术能力取得飞跃性进步

以往，企业考虑到培训成本，内部研修始终是按照从"采购人员"→"店长"→"主管"的先后顺序展开。

然而，研修效果始终不太明显。

话虽如此，也不能雇用咨询顾问，毕竟咨询费是一笔不小的开销。

就在该企业正在探讨是否还有其他"低成本"且能提升培

训效果的方法时，幸运地遇到了这一流通业专业互联网电视"商人网"。

菊地盛夫常务发出如下感慨：

"因为我们一直都清楚，如果采用传统的研讨会以及咨询形式开展全体员工的培训，实在是成本过高，所以培训没能办起来。

"运用商人网，我们就能为全体员工提供学习的机会和环境。

"之后就看员工本人的努力程度了，他们的技能和知识水平都会不断取得提升。

"现在，各位临时工和之前没机会参加培训的年轻员工，更加积极地运用商人网进行学习。

"从性价比的角度来看，培训效果非常明显。

"我认为，今后，扎根于本土的超市要想在竞争激烈的市场环境中生存下来，只能依靠'人'来实现。

"通常扎根本土的超市资金匮乏，组织体系也不牢固，体系化运营终究无法实现。

"我坚信，这种扎根于本土的超市杀出重围的最大可能性，就是依靠'个人的综合实力'。

"从这一点来看，商人网赋予了企业全体员工新的学习机会和环境，对于本公司而言，与商人网的相遇实乃一大幸事。"

菊地常务也认同"知道一件事和传授一件事是完全不同的两个概念"的观点。

采购人员和店长同员工一起进行学习，"看问题的视角"就会相同。

所以，开展工作的速度就会变快。

同时，对于拥有多家门店的企业而言，对比在传统形式的培训下产生的"移动过程中的时间损耗"以及"研修时间的损耗"，运用互联网进行培训的特点是，无论何时何地都可以在喜欢的场所看上一段视频，有大幅削减看不到的损耗的优点。

此外，菊地逸夫社长也发出如下感慨：

"通过灵活运用商人网，我们终于可以堂堂正正地向员工发出'必须赢利'的号召。

"放在以前，多少总觉得这种号召还是不提也罢，可能说了反而会起到反作用。

"然而，现在我们都明白了只有企业赢利才能给员工带来幸福，能堂堂正正地向员工发出'必须赢利'的号召。

"结果，我们真的就做到了赢利。这真是不可思议。"

当企业全体员工的知识水平都得到了提高，主观能动性也得到了充分发挥时，很明显地会带来迥然不同的结果。

互联网和宽带的存在，为企业全体员工提供了可以学习的环境。

互联网绝不是单纯用来"玩乐"的工具。

通过网络会议实现员工信息共享的成功案例

总店位于山梨县中央市的"ichiyama mart"，从 2008 年起引进了运用互联网的"网络会议"。

该公司以往的做法是，举行会议和研讨会时，让各个店铺的员工去总部集合，这就不可避免地产生了"移动过程中的时间损耗"。

距离总部最远的店铺，单程也要 1 小时以上。

运用互联网召开"网络会议"，不仅可以免去路上的时间损耗，还能借此机会向尽可能多的员工传达"公司的理念"并开展"培训"。这是该公司引进这一方式的目的。

效果绝佳。

以往都是员工从店长和部门主任那里听到转述来的"公司的理念"等内容，引进网络会议后，员工可以直接在网上听到第一手信息。

同时，员工可以直接就他们感到疑惑的地方进行提问。

按照传统做法，只有部门主任才能参加"部门会议"，采取网络会议的形式后，部门主任以外级别的员工也可以参加，采购人员的想法和方针的传达方式在速度上都取得了飞跃性的提升。

此外，店长和经营层之间的交流密度日益加大，与过去不可同日而语，经营层的想法也开始快速且正确地传达给员工。

这也是有效运用互联网所带来的优势。

三科雅嗣社长发出感慨道：

"今后，现场力和每一位员工的干劲儿将会给企业带来收益，并带来销售额的增加。

"进一步而言，还能提高每一位员工的生活水平和幸福感。

"因此，我认为，从这层意义来看，尽可能地向更多的员工，尤其是各位临时工直接传达公司的理念和采购人员的想法是非常重要的。所以，我果断地做出使用网络会议的决定。

"此外，为了能将我们公司的自有品牌——'美味放心'的销售成功案例等内容迅速地推广到所有门店，这一网络会议形式的运用也是不可或缺的一环。"

如上所述，"ichiyama mart"将网络的优势最大限度地发挥出来，并将其作为提供各种信息和进行培训的工具，今后会进一步扩大普及面。

由此，和采取传统形式的聚集性会议和集团培训体制的企业相比，在这一阶段的"速度"上就已经拉开了很大差距。

在今后的时代，"速度"是决定企业成长可能性的关键性因素，如果仍采用和经济高速成长时期相同的方法来提供信息并开展培训，企业将无法在激烈的市场竞争中存活下来。

今后，将不是"人"的流动，而是"信息"的流动。

今后，只有努力为"全体员工"而非"一小部分"员工提供培训的企业，才能在企业实力和现场力方面取得飞跃性的进步。

早在10多年前，"面向企业全体员工开展培训"还是一件不可想象的事情，现如今已经逐步完善。

收银员想出的"故事广播"

各位是不是持有一种固有的看法，认为"收银员的工作就是准确无误地做好结账，对顾客笑脸相迎"？

当然，如果是自助结账的形式，只有在最后结账时才会

"与顾客直接发生接触",所以"待客"环节非常重要。

然而,收银员的工作就只限于此吗?

重视现场培训的企业很清楚,如果开展提高收银员士气的"现场培训",他们就会成为强大的"战斗力"。

现场培训的最大优势在于,曾被视为"不具备战斗力"的员工,实际上也可能具有"强大的战斗力"。

的确如此。以往,一提到收银员培训,就"只有待客服务的培训"。

因此,让收银员在总部集合,或者是由收银培训师去往各个店铺,开展关于待客服务方面的指导,这种培训方式曾经被视为理所当然。

然而,在重视现场培训的企业里,全体员工通过"实现信息共享",自然就会了解到"公司的方针""采购人员的想法""店长的想法"等。

迄今为止作为收银员无从得知的信息,现在都借助共享不断涌现出来。所以,收银员也通过对信息的"了解",萌生出"全力配合"的愿望。

于是,传统形式的"待客培训"的威力就发挥出来。

作为"待客培训"的一环,收银员接受的是一种"团结互助"和"配合协作"的观念培训。

所以，收银员会成为其他部门的"友好"支援力量，而且能发挥巨大的作用。

比如，以总部设在兵库县太子街的"yamada store"为例。

虽然这是一家积极推行故事营销的企业，但这里的故事营销，实际上就是在收银员的积极推动下演变而成的营销模式。

在收银培训师中川真理子女士的主导下，各个店铺的收银员主动找到店长和部门主任，提出"我想推销这款商品，能否帮忙想出什么好的创意？"。

于是，店长和各部门主任针对收银员提出的疑问不断提供信息帮助。然后，基于这些"信息"，收银员会主动制作"故事POP""故事宣传板""故事商品"等道具。

除此之外，收银员还开展了"故事广播"。这也是收银员想出的点子，yamada store 居然还成立了"广播部门"。

据说，超市特意设置了广播部部长一职，以此来为各个门店的收银员开展这种"故事广播"的做法培训。

以往，一提到店内广播，内容基本上都是"实惠商品指南"。然而，yamada store 不同。它的店内广播内容基本上都是"商品信息"。

店内广播中连续不断地传出，"刚刚到货的美味商品""蔬果主管推荐是这样的商品"等商品信息。

这些广播的内容还非常"富有幽默感"。

顾客可以边购物,边听着店内广播,如果听到感兴趣的商品信息,还会前来问询:"刚才广播里介绍的商品是哪一个?"

此外,这种"故事广播"形式在不断进化,现在还推出了"故事 DVD"。

甚至还使出了"绝招",店员使用家用摄像机,将休息室的"试吃场景"和后场加工的情形制作成 DVD,在商品陈列的地方播放。

以上这些都是出自收银员的创意。

优秀店长的背后有优秀的收银员主管

收银员为什么会如此这般配合其他部门的工作呢?

这是因为企业采用了"店铺主导型"的经营模式。

企业构筑出一套完整的采购配合体系,对于店长以下及各部门主任"想要挑战的事情",总部的采购会尽可能配合,从商品调配到企划的全面实施落地。

因此,店内所有人都能积极而乐观地采取行动,结果就是收银员也顺势而为,融入其中。

在 yamada store，从经营层到采购人员、店长、各部门主任，甚至还尽可能地让临时工也参与进来，全面推行"所有员工参加培训"。

对于那些无法参加的人员，则灵活运用互联网进行培训。

此外，作为"成功案例"分享，还设立了"成功案例邮箱"，任何人都可以在任何时候进行浏览。

企业通过强化这种现场培训，使得之前那些被视为非战斗力的人员也摇身一变具有超级战斗力。

有一类企业的收银员被认为只要做好待客工作就行，另一类企业的收银员则积极地投入到对其他部门的援助和配合工作。

您觉得哪一类企业的"店铺充满活力"，哪一类企业的"生产效率更高"？

从这些方面来看，现场培训的全面贯彻还会拉大"企业之间的差距"。

"在优秀店长的背后，必然有优秀的女性员工（收银主管）。"

如果一个部门实行现场培训，那么该部门的临时工不仅会提高战斗力，连收银员在内也能提高战斗力。

女性员工原本就和男性员工不同，她们的"上进心"非常强烈。在"体育俱乐部"和"英语会话教室"等场所都是女性学员占绝大多数，这也从侧面说明了这一点。

所以，如果完善相应的体制，给予各位女性员工"机会"、"环境"和"目标"，并进行"适当合理的肯定"，就会出现女强人。

在现阶段，较之正式员工以及男性员工，在工作中做出成绩的女性员工中有很多都是临时工。

也就是说，如果进一步完善可以提供"现场培训"的环境，并给予她们接受培训的机会，她们就能成为企业的重要力量。

我认为，企业将"临时工占比80%"作为目标，是为了提高经营效率的重要目标设定。

然而，如果不给予占比80%的临时工以学习的"环境"和"机会"，不仅不能提高经营效率，还可能导致店铺衰败、销售额和经营效率大幅下滑。

幸运的是，互联网等技术的出现使"学习环境"变得越发完善。

如果有效运用这类工具，必然能为临时工创造出接受培训的"机会和环境"。

今天我们已经进入了一个瞬息万变的"急速发展的时代"。企业如果还依赖那种传统的"少数员工的培训"方式，终将追赶不上时代快速变化的步伐。

如果企业不下大力气推行面向全体员工的培训，不提高企业改善、改革和进化的速度，将无法跟上时代的步伐。

对企业而言，资本实力或许也很重要，系统化运营可能也很关键。

然而，超市属于一种"人决定一切"的业态。

我坚信，只有加强"个人的综合实力"和"现场力"，企业才能在今后的激烈竞争中存活下来。

难道我们不应该尽早采取对策吗？

下面都是各地女强人的案例介绍。

都是通过"现场培训"而成长起来的女强人。

相信在各位的店里，也有这样优秀的女性员工。

各位是否扼杀了她们身上的可能性？

希望各位慧眼识珠，务必把这种如同"钻石原石"一般的女性员工发掘出来。

这样的话，各位的店铺就一定会发生巨大的变化。

女强人案例之1

株式会社 SunShine 高知　久保美喜女士

1人获得443瓶的博若莱新酒预订　与本人等身大的宣传板

位于人口2.7万人的高知县 Ino 市内的店铺 "SunShine Ravina"。

久保美喜女士（生于1957年）是这家店的员工。她负责酒水卖场（现在是国产日配部门的负责人）。

这名女性员工的"干劲儿"非同寻常。

照片⑪⑫展现的是她打造出来的各种"故事营销"。

照片⑪ 通过灵活运用"排行榜"POP广告、"实际品尝的信息"POP广告以及"感想"POP广告等，卖场被打造成一个非常出色的卖场。当然，这也是久保女士的作品。

其中最令人惊艳的就是"与久保女士本人等身大的宣传板"（照片⑬）。

用这块宣传板代表她本人，向所有顾客宣传商品的亮点及店内活动（诸如博若莱新酒等）。

为什么在营销上能做到这样的程度呢？

这些成绩都是在周围员工的支持和她本人的"干劲儿"之

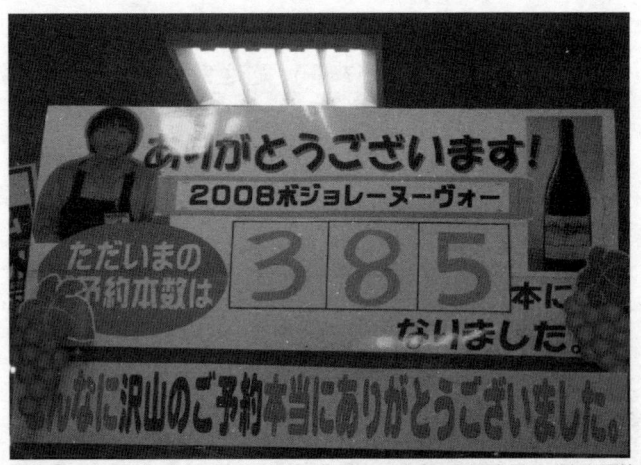

照片⑫ 以可视化形式呈现"预约情况"的POP广告。向顾客展示"实际预约订购的数量",以此来唤起顾客购买欲望。这是很了不起的POP广告。

下实现的。

　　这家店的店长也非常出色。

　　店长是吉本真司。他尤其擅长调动员工的积极性。

　　他经常会给员工们打气,"那就试着做做看吧"。

　　这样一来,员工们就可以不断"挑战想做的事情"。

　　充满"干劲儿"的人就能不断发挥出个性。

　　而这有助于激活整个店铺的运营。

　　总之,在这家"SunShine Ravina"店,不仅有久保女士,还有很多活力四射的员工。

　　整个店铺内都布满了各式各样的"故事POP和故事宣传板"。

第 5 章 | 蓝海模式下的"现场培训"

照片⑬ 运用等身大的POP广告，提升了顾客的视觉认知度。店内这样的POP广告随处可见。这都是久保女士的点子。

简直就像个快乐的"游乐场"。

所以，在这家店购物让人感到愉快。其中，久保女士负责的酒水卖场尤其有趣。

即使是对酒饮不感兴趣的顾客，也会不由自主地停下脚步，驻足观看摆放在店内的"故事POP"和"故事宣传板"。

关于这位活泼开朗的久保女士，还有一则小逸闻。

那是发生在"博若莱新酒"解禁日那天的事。

2007年，在高知县的偏僻村落（高知县是日本酒消费量在全国名列前茅的县），她竟然凭一己之力获得了443瓶博若莱新酒的预订量。

183

那可是一个人口数量仅为 2.7 万人的小城镇。

之后的 2008 年,她又斗志昂扬地向其他员工宣称"我如果今年的业绩不能超过去年,那我要在解禁日当天从午夜零时就开始在店内销售"。

听起来真是自信满满。果然,她最终获得了 492 瓶预约订单的出色成绩。

接下来才是久保女士大显身手的时刻。

"店长,我们在博若莱新酒解禁日当天,从午夜零点开始在店铺门口试着推销怎样?"

听到这儿,连吉本店长也大吃一惊!

"你说真的吗?"

"是的。我想用自己最擅长的关东煮款待大家,推销红酒。"

真可谓是配合默契的团队(店铺)啊。

在久保女士的号召下一呼百应,从店长、副店长到生鲜部长都参与其中,开始了筹备工作。

正式开始的前一天,久保女士准备了"关东煮"的材料。大约有 100 人的份。

然后,她又给电台打电话,大大方方地进行宣传:"在博若莱新酒解禁日的午夜零时,我们要在店内推销红酒,请来这边采访报道吧。"

结果怎样呢?

第5章 | 蓝海模式下的"现场培训"

在活动的前一天的傍晚，电台的记者就来到店内采访，开展了现场连线的直播访谈活动。

宣传势头发展迅猛。在店铺打烊后，在店内竟出现了像"关东煮"那样的街边美食摊。

活动在午夜零时准时开始了。

结果，夜里真的有顾客前来光临。

竟然卖出了21瓶。

"让顾客开心。这就是我的人生意义。"（久保女士说道）

职场中就是有这样"享受工作乐趣"的女性。

多么了不起的一位女性啊。

多么优秀的店铺啊。

我非常期待像这样的店铺在全国遍地开花。

照片⑭ 在店铺入口处摆放等身大的POP广告，向顾客告知活动信息。尽管活动是从午夜零时开始，竟然也卖出了21瓶博若莱新酒。

女强人案例之 2

株式会社 hiraki store
大坪店进口商品日配部主任　金森美代女士

凭借手绘信的创意获得"2007年度日本食育交流协会优秀奖"的获奖主人公

总部位于富山县高冈市的"株式会社 hiraki store"。

那里有一位朝气蓬勃、干劲儿十足且情感丰富的女性员工。

她就是金森美代女士（1956年出生）。

"hiraki store 大坪店"从2005年开始实施一个名为"大坪店的闪亮工程"的改善行动。

所谓"闪亮工程"，金森女士做出了如下解释：

"该工程的目的是，打造一个我们自己也想购物的卖场，希望达到顾客在进店的一瞬间就能感到'与众不同'的水平，在竞争愈发激烈的背景下，经由我们自己的双手力争实现销售额同比增长105%的目标。"

同时，该工程的具体行动内容如下：

由大坪店的9位女性员工在"每月1次的时长为90分钟的

讨论会"上，就店铺存在的问题展开深入探讨，并将相关改善对策提交给店长审查。

据说，员工们最开始听到社长的这个提议时，都感到半信半疑："我们真的可以畅所欲言吗？"

然而，当活动开始后，即刻化身为"爱岗敬业的女性们"。

她们不断提出令店长和主管等男性员工感到招架不住的意见。

她们不仅提出意见，还以金森女士为中心，团结一致开始了实际行动。

女性员工们接二连三地推出各项举措，活动积极性不断提高，不仅设立了为听取顾客真实想法的"店长意见箱"，还成立了由女性员工组织的"鲜度巡检"，更有由女性员工为主导推行的"问候语行动"。

同时，在"每月1次的时长为90分钟的讨论会"上，批评意见主要是围绕"卖场没有活力"和"店铺主推的商品不容易被顾客识别"。

金森女士带领队伍坚决地执行了一个作战计划。

那就是："好吧！由我来制作手绘信的原创POP，以此来让卖场充满活力吧！"

实际上，她在2005年4月的一天，突然倒下被送往医院，被诊断为"脑瘤"。

在接受紧急手术后，不得不又住了3个月的院。

在和疾病作斗争的日子里，给她带来莫大勇气的是从一个朋友那里收到的"手绘信"礼物——点缀在一幅画上的温暖语言和笔触。

据说，金森女士为这份心意深深感动，并发誓"我要努力战胜病魔，再回到工作岗位上"。

因为一心想着亲手绘制给自己带来勇气的手绘信，在出院以后，她前往手绘信的教室学习绘画。

后来，她发挥自己学来的手绘信技能，制作了店内的"故事POP和故事宣传板"。

请看照片⑮⑯⑰，它们都是金森女士的手绘作品。

照片⑮ 这里展示的都是金森女士的手绘POP广告，让人莫名地感到温暖。

第 5 章 | 蓝海模式下的"现场培训"

照片⑯　金森女士除了自己负责的部门，还像这样有求必应地绘制了POP广告。

照片⑰　"春分节"时的萩饼卖场。成功实现了3倍排面、3倍量感、3倍大的故事POP。

189

因为这些手绘的POP，店内气氛瞬间变得活跃起来了。通过故事POP，可以将想要推销的商品以可视化形式，一目了然地呈现出来。而且是仅凭一己之力。

现在，她还担任"食育活动"的队长一职。

在每月1次的"食育节"上，她擅长的"故事POP和故事宣传板"效果超群，震撼全场。

她还自带麦克风展开"故事广播"（请参考照片⑱）。

照片⑱ 关于"食育"的"广播表演"一景。金森女士就是这家店的"明星"。

她的这些努力也得到了回报，大坪店获得了"2007年度日本食育交流协会优秀奖"。

她既是进口日配商品的负责人，又跨部门不断发起新的挑战。她为什么能做到这样的程度呢？

据说这一切都是为了表达她的"感谢"之意。

"在我罹患重病时，身边的人给了我很大的勇气。"

"当我因工作而烦恼时，得到了周围人的帮助。"

金森女士表示，正因为如此，现在她才能心怀感谢之情，全力开展工作。

"正是因为体会过辛苦，所以才能不断寻求变化、进行思考、想出创意。"

这种积极向上的态度转变为她工作上全力以赴的动力。

同时，激励和带动了周围的员工。

在各位的店里，这样的女性员工应该有很多。

各位也用心找出自家店里的"钻石原石"，怎么样？

女强人案例之3

株式会社 ichiyama mart　胜俣千惠子女士

通过"压倒性的卖场差异"的可视化

4年就使水果的销售额实现74%增长的大功臣

位于山梨县富士市的"ichiyama mart 城山店"的水果主管是一名女性临时工。

她的名字是胜俣千惠子（生于1955年）。

在4年中，她竟然使水果的销售额增长了74%，不愧是一名女强人。

为什么她能使销售额达到如此惊人的增长呢？

一切成就都源自她的满腔热情。总之，她彻底追求与其他竞争企业之间的"差异"的可视化。

从结果上看，这种"压倒性的差异"最终以可视化形式如实传达给顾客，形成了差异化优势。

那么，她是如何将这一"压倒性的差异"展现出来的呢？具体措施如下。

①彻底提升"单品走量"的标准

胜俣女士怀有一种信念，她认为"与顾客自主选购的水果卖场相比，主动为顾客推荐每日商品的卖场更能令顾客感到亲切"。

所以，"主推商品的可视化"使得卖场充满了活力，甚至让人想不到这是由女性打造的卖场。

照片⑲⑳所示的是由胜俣女士打造的卖场。从照片中也能看出，两个卖场的布置都非常有冲击力。

第 5 章 | 蓝海模式下的"现场培训"

照片⑲ 一天内销量惊人的苹果卖场。看上去就很有气势。

照片⑳ 实现"超级鲜度"可视化的桃子卖场。通过超级鲜度的展示，毛利润竟然增长到上年的300%。非常了不起！

而且都采用了"故事DVD"和"故事POP"等方式进行销售。

由于卖场标准达到了这样高的水平,所以竞争店俨然已不是对手。

城山店就是通过这样的营销方式,展现出了与竞争企业的"压倒性的差异"。

②改变平台货架的"应季推销商品"标准

胜俣女士不喜欢被"常识"束缚。她曾质疑:"为什么圣诞节时大家都要卖草莓呢?""为什么7月就只推葡萄和桃子呢?"

于是,胜俣女士摆脱了"常识"的束缚。也就是"摆脱常识",成为"应季的先行者"。

在推出应季商品时,如果与其他企业采取相同的布局策略,就会不可避免地只能打"低价"的价格战。

这样一来,超市必然就会陷入红海的市场模式,也就无从获得销售额和毛利润。

所以我们应在大家都还未开始推销的"应季的初期"就展开销售活动。

这是基于"因为是竞争店还未销售的商品,而且单价也高,所以必须销售!"的思路。

卖场案例如照片㉑所示。采用这样的方法,就能展现出与其他店的"压倒性的差异"。

照片㉑ 圣诞节时走量销售甜瓜的卖场。

③为"低价"商品增添附加价值

像这样，胜俣女士通过为低价商品增添附加价值来进行销售。

以下是基于女性视角衍生出的想法：

"还是便宜又新鲜的水果好啊。"

"还是便宜的当地水果好啊。"

"还是便宜又好吃的水果好啊。"

就这样，她接二连三地将这些带有附加价值的低价商品以可视化形式呈现出来。

采用这种做法后，会出现什么情况呢？

结果是每款商品都取得了惊人的"超常值"的销售业绩。

像这样，通过"女性的想法"成功地打造出了"压倒性的差异化"。

④提升"松竹梅"战略的标准

胜俣女士思考怎样才能在"节日"中提升商品的单价。

于是，她想到的是"松竹梅"战略。就是通过把松树级的商品作为"形象商品"衬托，来达到销售竹子和梅花级别商品的小技巧。请参考照片㉒。

照片㉒ "孟兰盆节"时陈列的水果礼品区域。故事宣传板和故事POP随处可见。

用"松（8000日元）"级别的桃子商品来引起顾客的注意，进而推销3800日元的竹子级别的桃子商品。这种做法十分成功，既提高了单价，又大幅提升了销售额。

通过这种大胆的做法展现出与其他店铺的"压倒性差异"。

正是进行了这样的大胆尝试，胜俣女士才在 4 年时间里取得了水果销售额提升到 174% 的惊艳成绩。她这样说道：

"我会不断向新事物发起挑战。而且，我会把来自顾客'之前推荐的水果可好吃了'这样的认可当作动力而继续努力。"

可见，胜俣女士从超市工作中感受到了活着的意义和自豪感。

可以想见，一家超市如果拥有很多像她这样满怀热情的临时工，就一定会成为一家非常卓越的店铺。

这可不是"白日做梦"。

请各位更多地认可临时工的工作！

第 6 章

蓝海模式下的"店长"

——越是交响乐团的名指挥 越不会批评失败

"即便犯错又怎样。人又不是机器。"

钢琴家　富士海敏（Fujiko Hemming）

店铺交响乐来自乐器演奏者（=员工）的配合

常言道，"门店业绩好坏主要取决于店长""店长就得是一店之主!"。

由此可以看出，在当今的"阶级分化时代"背景下，店长的"职位"越来越受到重视。

可以预测到，今后，门店对"店长"的期待会越来越高。

原因如下：

①根据门店选址、竞争程度、门店面积、门店新鲜感的不同，顾客筛选门店的标准越发严格。

②"高毛利"主义将成为今后零售业经营的主流思想。

③正在逐渐朝着"个人综合实力"和"现场力"决定销售额、收益的时代迈进。

④"效率=干劲"的想法在逐渐渗透到零售业。

今后，日本也会像"老年人多的地区"及"年轻家庭多的地区"这样，出现越来越多的"地区差距"。

由此导致的竞争情况将随之发生改变。也就是在年轻家庭多的地区，竞争必然会越发激烈，而在老年人多的地区，竞争的激烈程度会下降。

此外，超市这种传统形态从开始出现到今天经历了30多年的变迁，卖场面积和店铺的鲜度（老化店铺和最新店铺）等方面的"店与店之间的差距"逐渐开始显现出来。

所以，今后仅凭"总部统一运营""标准手册""平均化"而无法解决的问题将会堆积如山。

因此，门店对店长角色的期待会越来越高。

但店长也是"人"，不是超人。作为个体的人，其能力范围毕竟有限。

所以，店长被称为"计划者"。

然而，"计划者"这个词，听起来有点逊。有些难以想象这是怎样的职位。

所以，我怀着对店长的"敬意之情"，做出了如下表述：

"店长就如同交响乐团的指挥！"

店长正是一家门店的"红人"，是"门面担当"。

一家门店就好比一个"交响乐团"，团员们各自拥有音色完全不同的乐器。

然而，音色全然不同的各种乐器会随着"指挥"手中挥舞的指挥棒，演奏出"和谐"的天籁之音。

无论多么优秀的乐器演奏者，如果每个人都随心所欲地按照自己的节拍演奏，就不能成为音乐，而只能被叫作声音。

因为它不会奏出令听众陶醉在其中的音乐之声。

无论是具备多么高超技巧的负责人，或者是能想出精彩故事营销创意的负责人，再或者是自我上进心强的负责人，如果他们之间不"默契配合"的话，就不会在工作中做出成绩（好听的音色和音乐）。

所以，"好的指挥"是重要的存在。

店长处于纵观全局的地位，能随时掌握各位负责人的动向。

同时，店长经常思考的是，要采取怎样的"战斗力和战术"才能将各位负责人的能力百分之百地调动出来。

店长"从指挥的角度对乐曲的整体形象"进行把控，将之传达给各位负责人并让他们理解、接受。

所以，一旦演奏（门店运营）开始，各位负责人就会同时按照指挥所描绘的乐曲形象各司其职。

越是"好的指挥者"，作为实绩的"音色"就越发美妙。

好的指挥者让负责人的注意力转向顾客而非总部

那么，怎样才能成为像小泽征尔那样优秀的交响乐指挥呢？

好的指挥都有一个共同之处。

那就是，他们的着眼点与众不同。

好的指挥和一般的指挥的区别，取决于将负责人的注意力转向"顾客"还是"总部"。

当然，好的指挥是将负责人的注意力转向顾客。

各位可能会觉得"这样做是理所当然的吧"，但各位负责人的注意力真的集中在"顾客"身上了吗？

请各位冷静地观察一下。大家会发现，其实他们的注意力并未集中在顾客身上。

大多数人还是更注重"总部"。

所以，如果店长想要担得起好指挥的名头，首先要改变各位负责人的注意力。

店长要不断向他们强调"要参考总部的销售计划，站在顾客的立场上制订计划"，让他们养成站在顾客的立场上思考问题的习惯。

然而，大部分负责人却是"根据总部的销售计划来制订计划"。

这是因为，如果销售额和业绩不理想，就会受到总部采购人员的指责："你有没有按我的指示去制订销售计划啊！"

所以，他们会越来越回避多做"无用功"。

不过，我也不是在倡导"要无视总部采购人员的销售计划，随心所欲地制订自己的计划"。

负责人制订销售计划的"标准",始终都是采购人员的销售计划。这一点必须遵守。

我所强调的关键是,要参考总部的销售计划,同时站在自己店铺的顾客的立场上,让计划稍微丰满一些。

我将其表述为给计划"添加一些思考力"。

同时,如果可以的话,希望总部的采购人员能怀有一种身为"门店的支援者"的想法。

如今,业绩增长的企业、赢利性企业在运营层面上的共同之处就是这种想法。实际上,这是最重要的核心。

高收益企业(比如 YAOKO)以及业绩增长的企业(比如 sunshine chain)在运营层面的共同之处是:怀有一种"总部采购人员是门店的支援者"的想法。

利润陷入停滞的企业以及在竞争中处于下风的企业在运营层面的共同之处则是:总部采购人员变成了"施压团队"。

也就是说,总部的很多采购人员的做法是:如果业绩好,就是自己的功劳;如果业绩差,就怪下面的门店负责人没有按照自己的计划行事。

请把门店负责人的注意力从"绝对遵照总部制定的销售计划书"转向"参考总部的销售计划,同时站在顾客的立场上展开自主思考"。

为此,就需要首先统一公司内部的整体认知:"总部的采购人员是门店的支援者。"

而且，体现店长领导力的那句话"万一失败了，责任也算在我头上，你们就放手去做！"也很重要。

充满干劲儿的负责人，会站在"顾客的立场上"让计划更加丰满。

但他们受限于自身的立场。如果没有后盾支撑，他们就很难做到。

店长要成为这样的后盾。

这样一来，负责人就会充满斗志地表示"我绝对会做出成绩给你看的"。

这正是作为"好的指挥"的店长的最主要的共同点。

好的指挥会巧妙运用"开放式提问"

我经常在说明中把店铺比作"神轿"①。

实际上，支撑着"神轿"的人有三种类型。

他们分别是"肩扛神轿的人"、"手扶神轿的人"和"做出抬轿样子的人"。

这三种类型的人数比例的不同，使得神轿（门店）的气氛

---

① 祭祀时装上神牌位被抬着游街的轿子。

完全不相同。

"肩扛神轿的人"越多，神轿（门店）节日气氛越浓厚（发展势头越旺）。

"手扶神轿的人"和"做出抬轿样子的人"多的神轿（门店），则节日气氛寡淡（门可罗雀）。

不仅如此，由于肩扛神轿的人承受重担，所以他们会逐渐变得只用手来扶轿，或者离开抬轿队伍（门店）。

所以，能够培养出众多的"肩扛神轿的人"，正是作为好指挥的店长的第二个共同点。

那么，怎样做才能培养出"肩扛神轿的人"呢？

其方法之一就是"沟通"。

称得上好指挥的店长，这项"沟通"能力非常优秀。

沟通包括"会议"、"关照和顾虑"、"问候"、"充满欢乐的闲聊"以及"听取抱怨"等。

能称得上好指挥的店长们所采取的共同的沟通方法，并非上述沟通方式中的任何一项，而是培养能"肩扛神轿的人"。

那就是"提问能力"。简而言之，他们经常向卖场负责人"提问"。

通过"提问"来实现与负责人之间的沟通。

那么，这项"提问能力"具体是指什么？

各位是否知道提问的两种形式？

一种是"封闭式提问"。

另一种是"开放式提问"。

所谓"封闭式提问"是指，只能用"Yes 或 No"来回答的问题。

所谓"开放式提问"是指，必须用除了"Yes 或 No"以外的答案来回答的问题。

好的指挥者，会巧妙地运用第二种提问形式，即"开放式提问"。

这是一种"问题思考法"，通过提问来"引人思考"。

的确如此，这就是在培养人的"思考能力"。

比如，有这样一个例子。

这是发生在一位负责日配商品的女性订货员（临时工）和店长之间"问题思考法"的一个场景。

"哈哈哈，那，这个平柜的订货金额是多少？"

店　长　"今天这个平柜中商品的目标销售额是多少？"

负责人　"诶？我不知道。"

店长第二天又提了同样的问题。

店　长　"今天这个平柜中商品的目标销售额是多少？"

负责人 "诶？又是同样的问题？我不知道。"

店　长 "比方说，考虑目标销售额的订货和不考虑目标销售额的订货，你认为，这二者有什么区别？"

负责人 "这个嘛，考虑目标销售额的话，订货时会认真。"

店　长 "是啊。也就是说，我们先从这个平柜里的商品试一下，如果考虑目标销售额订货……"

负责人 "好的。但我打工只有半天时间，有点儿忙不过来。做不到那么认真地订货。"

店　长 "这样啊。但订货时考虑目标销售额其实也不花什么时间吧。要不你和主管谈谈，尝试有意识地以目标销售额来订货怎样？"

负责人 "（不太情愿）好吧。我和主管商量一下。"

接着，又过了一天。

店　长 "今天这个平柜中商品的目标销售额是多少？"

负责人 "今天又是同一个问题啊。今天的目标销售额是15万日元。明天不会再问同一个问题了吧。"

店　长 "哈哈哈。那么，这个平柜中商品今天的订货金额是多少？"

负责人 "我不知道全部的金额是多少。"

店　长 "说的也是。但是你知道每一件单品的金额吧？"

负责人 "是的。这我就知道了。这个豆腐是5万日元，这个纳豆是 3 万日元，这个 3 份炒面是 2 万日元。"

　　店　长　"噢，但是这些都卖完也不到 15 万日元吧？"

　　负责人　"这个嘛，我又没考虑过销售额目标啥的，我没接受过这方面的培训。"

　　店　长　"那么，你结合今天下单的目标销售额来订货怎样？"

　　负责人　"好的。我知道了（哭丧着脸）。"

　　又过了一天。

　　店　长　"今天的订货金额是多少？"

　　负责人　"诶？今天问的不是目标销售额了？"

　　店　长　"你不是都已经考虑过目标销售额了嘛。所以，我就想问问订货金额是多少。"

　　负责人　"今天是周六，客流量较大，所以我就定为 15 万日元。因为目标销售额是 20 万日元。"

　　店　长　"好咧，加油喔！用麦克风推销商品吧，使劲儿叫卖。"

　　负责人　"好的。请您务必多关照。"

　　又过了一天。

　　店　长　"昨天卖得怎样？达成目标销售额了吗？"

　　负责人　"诶？今天又换问题了！我还没有看。"

　　店　长　"这样啊。其实我刚看过了。昨天卖了 19 万日元。

有些可惜啊!"

负责人 "诶!就差 1 万日元吗?真不甘心!那么,以后我会注意目标销售额的。"

好的指挥擅长调动人员的积极性

上面的对话稍嫌过长,但提问的形式确实是这种感觉。

店长这份工作是需要"毅力"的工作。它真的是一份需要"忍耐"的工作。

像上面的对话这样,店长每天都需要付出这种脚踏实地的努力。

然而,像上面例子这样,当运用"问题思考法"时,"肩扛神轿的人"就会越来越多。

"爱的反面不是仇恨,而是漠不关心。"(特蕾莎修女)

我认为,店长必须关怀下属,并经常向下属表达"我很看好你哦"。

方法之一就是"问题思考法"。

作为一名好指挥,店长很清楚这样做能带来的绝佳效果。

所以,就能打造出"赢利"门店。

好的指挥很擅长充分调动负责人的积极性。

不断激发负责人的工作热情。

换句话说，店长很会鼓舞下属的士气。

刚才介绍的"问题思考法"也是如此，除此之外，店长还应巧妙运用如下方法。

①一定同去旺铺考察

绝对不让负责人单独考察。

这是为了防止负责人只注意别人的"不足之处"而无视"优点"，白跑一趟。

的确如此。因为负责人会认为自己打造的卖场、推出的商品更好。

所以，当看到和自己打造的卖场以及商品推出的方法不同时，自然会产生"否定"一切的心情。这是人之常情。所以，了解这种心情的"作为指挥的店长"要一同前去旺铺考察。

店长和负责人一同前去旺铺，运用"问题思考法"进行考察。

"为什么能卖得这么便宜呢？

"打造出的商品化看起来非常漂亮。是怎样做出来的呢？

"这样的商品，在我们店卖的话也会畅销吗？

"这个卖场和我们的卖场相比，你觉得哪里不一样？"

由店长向负责人连珠炮似的发问，提出类似上述的问题。

这样一来，负责人在考察旺铺时就会逐渐培养起"思考能力"。

同时，店长再适时地加上一句"极富鼓动性的言辞"："要不我们店也做做看吧。"

因为是和店长一同前去考察的，所以下属（负责人）很清楚，如果不实施，就会被一直念叨直至实施为止，所以只能迫不得已硬着头皮去做。

店长之后要做的就是，直到"结果改变"为止，不厌其烦地推动"改善、改革、进化"，以防负责人产生畏难情绪、半途而废。

不过，这里的关键之处是，我们要借鉴引入的是"幕后推动"，而不是"商品"。

大家是否需要"幕后推动"？

②必须幕后推动，以打造"环境"和"形势"

在会议和早会上，尤其要大肆表扬那些有勇气实施改革的下属（负责人）。

这里的关键是：不是一般的表扬，而是要"大肆表扬"。

表扬的力度要大到让人觉得"有必要表扬到这个地步吗"的程度。

这样的话,被表扬的人就会"越发春风得意"。因此更能付出更多努力。

对此,周围的人会觉得"表扬得是不是过了头?"。

但,这是人之常情,无论是谁,都"想获得别人的认可""想获得他人的称赞"。

因为人的本性是"趋利避害"的动物。

需要"幕后推动"才能调动员工的积极性。

那么,店长就应说出一句"极富鼓动性的言辞":"我很看好你哦!"

这番话实际上就是体现了店主对员工"重视的可视化"。

虽然大家经常会把那些不擅长幕后推动的人视为"没有干劲儿的人",但我并不认同这一观点。他们只不过是对实际工作充满畏惧畏难的心理罢了。

他们会想"失败了怎么办"。因为,一旦失败,就会伴随着"痛苦"。

实际上心中所想的是,大家"是否需要幕后推动呢?"。

之后要考虑的就是能否迈出"第一步"。

这时,就要出手从背后推动他们一下。只需一句话放出终极大招即可。

那就是："失败了也没关系。我来承担责任。"

③鼓励下属去实干，失败了也不批评、不责备

据说，丰田公司的人才培养的重中之重是"先动手去做"。

"什么都不改变才是最糟糕的情况。"

听说，这是丰田公司的奥田硕会长经常挂在嘴边的一句话。

"丰田的管理层批评的是不努力去想新点子、不去挑战新事物的人，不会批评那些虽努力并挑战过却失败的人。

人们都说，身居要职的管理层的作用，不是批评下属想出的创意和挑战，而应帮助他们，一路走来我也希望能做到这点。为此，我们需要经历各种试行错误。"

以上这番话来自丰田公司的顾问楠兼敬先生。

越是收益高的企业、赢利性企业，越是"不会批评失败"。

不批评失败，才会产生"执行力"。"思考能力"才会提升。

作为"指挥"的店长明白这些道理。

所以，对于下属在工作中的实际行为，即使失败，店长也不要苛责。

不过，店长可以帮下属分析"失败的原因"。

这正是最能打动下属心灵的行为。

"我们一起分析失败的原因，然后找出解决对策。"

这样的话，下属还会再次在工作中"发起挑战"。这正是

"不重蹈覆辙"的诀窍。

同时,作为指挥的店长也知道,这正是让下属不畏惧"实干"、大胆挑战的诀窍。

所以,比起批评下属工作中的失败,考虑在下属失败时积极跟进更重要。

所谓"培养"是让下属学会思考

④灵活运用"效仿"的手法

那些"结果"不断发生变化的门店,大都拥有一种"别家店好的地方就会"马上"模仿的文化。

这是因为,这样的门店都有一位"指挥官"般的店长。

店长就像天线一般随时从四面八方收集信息,一旦了解到其他店"有好的结果!"类似这样的信息,就会马上开展行动。

然后,会以"谦虚坦诚"的态度,原封不动地进行照搬模仿。

如果模仿失败,就会前往那些做出成绩的其他店的负责人那里,请教对方的经营思路,反观自家店"差在哪里"。

接下来,会从"经营思路"上开始进行模仿。

如果门店对样本店彻底展开效仿，必然能得到同样的结果。

作为"指挥官"的店长，知道"别人那里有好点子"，也清楚"别家店有'畅销的热卖商品'"。

店长明白，之后只需建立，以"谦虚坦诚"的态度进行"效仿"的"门店文化"即可。

因此，那些有像指挥官一般店长的门店，会经常发生变化。

"商品具有地域性。然而，营销方法并不存在地域上的区别"——这也是我一直以来的观点。

经常听到"激活门店"这样的说法。

但说到具体方法，市面上普遍都认为是"竞争店调研（市场调研）""POS数据分析""提高士气"这类内容。

同时，"店长培训"也被视为激活门店需开展的一项培训。

然而，我对此产生了疑问。

尽管企业投入了大笔资金，却未能达到激活门店的效果，这是什么原因？

此后，我正式开始了"考察店长"之旅。

得出的结论正如前文所述："店长要像交响乐团的指挥一样！"

而且，我意识到，真正意义上的"激活门店"，应该是"培养人才"。

近年来，超市也开始迅速推行"系统的完善"，因此运营上变得更加便利。

然而,由于"系统的完善"进化过于迅猛,在现场工作的人员变得不再需要自我"思考"。

因为企业在"系统的完善"和"人的投资(培训)"方面投入了如此之多,如果与二三十年前相比,必须在毛利润上取得飞跃性提升,在经营利润上得以改善才行。

也就是说,超市必须实现"利润丰厚"才可。

然而,现实却是与二三十年前相比,超市的赢利能力和毛利额都没有得到提升。

那么,其中的原因是什么?

或许就是因为员工的"思考能力"变弱了吧。

我认为,所谓"人才的培养",或许可以理解为使员工具备"思考能力"。

如果员工养成思考的习惯,"感性指数(EQ)"就会随之提高。

而一旦员工的感性得到提升,必然会洞察到"顾客真正的需求"。

所以,"思考能力"与激活门店息息相关。

"与其感慨下属的无能,不如认真反省一下未能使下属具备'思考能力'的自身的无能。"

最终章

蓝海模式下的"人才培养"方法

——别再用"管理"这种说法,都改用"标准"吧

"规则越少越好。

如果给予员工自由和自主性，

员工就会对企业感兴趣，

并满怀着热情和责任感投入到工作中。"

Whole Foods 创始人约翰·麦基
（John Mackey）

培养的是否是"唯命是从"的孩子？

"库存管理""营销管理""品质管理""鲜度管理"……

总之，"管理"是零售业和超市行业的业内人士最喜欢的说法。

所谓"管理"，是指"禁止做○○""要做到○○以下（以上）""要遵守○○的规定"等，具有约束含义的行为。

的确，"企业"规模越大，经营活动中如果越是缺乏这种"管理"，就无从"统领企业"，这是不争的事实。

然而，我认为，如果凡事都用"管理"这个词横加约束，人就会"失去思考能力"。

这和教育孩子一样，如果母亲管教过严，比如"这也不能做，那也不能做"，孩子就会失去自主性，变得消极被动，慢慢地会失去独立思考的能力。

如果父母用"唯命是从"的方式来教育孩子，孩子就会成为"不说就不行动"的孩子。

我觉得，在"成人的世界""职场世界"同样如此。

的确，在管理者看来，"唯命是从"的下属都比较好管理。

然而，这样的话，企业（门店）会失去活力。

"管理"这个词固然重要，但在今后的时代，各位尝试用不同的词来表达怎样？

不只使用"管理"，可以改换成"干劲"或提高"标准"这类比较积极的用词，怎么样呢？

比如像下面这样的用法。

①不用"鲜度管理"，而是采用"鲜度标准"

鲜度管理是指，"不摆放鲜度下降的商品"，"为防止商品的鲜度下降，采取苏生处理"。

然而，仅以这样的程度无法实现与竞争店的压倒性"差异"，负责人的技术水平也不会得到提升。

因此，我们首先要将原来的"鲜度管理"改换成"鲜度标准"这一用语。

这样一来，不过是改换了一种"用语"，就能使商品的"现状"发生改变。

要是能"提高鲜度的标准"的话，就能起到以下功效：

- 缩短商品的限时销售时间
- 改善库存，可将库存量从现状的 2 天变成 1 天
- 提高采购的鲜度标准，可增加"早晨采摘"的商品

等等，就会催生出类似这样的想法和经营活动，而这将直接构成与竞争店的压倒性"差异"。

而且，这将有助于提升负责人在"经营思路"上的标准。

较之"早睡早起"，"早起早睡"的说法更显积极

②不用"操作管理"，而是"操作标准"

"通过对操作进行管理来提高效率"虽然非常重要，但现实情况是即使进行"操作管理"或制订"计划（工作安排）"，还是很难实现高效运营。

因此，最终手段就只剩下一种。那就是"强制执行"，等同于"裁员"。

"这样做是为了提高操作的效率。"

的确，我也认为这不失为一种必要的手段，但这样一来，"门店就会老套腐朽"。

我认为，这里需要将原来的"进行操作管理"改换成"提高操作标准"。

门店通过"提高操作标准"，甚至能使员工的想法发生

223

转变。

比如，有一家企业试着采取了以下措施。

在"一起提高操作标准"的口号带动下，该企业尝试改变了操作效率化的基本原则，也就是"浪费、不均衡、不合理"的顺序。通过这样的调整，操作效率明显得到了提升。

下面是企业在改变原则，优化成"不均衡、不合理、浪费"的顺序后所发现的事实。

"所谓工作量的不稳定，也就是发生了'不均衡'的问题，导致工作的量呈现出不稳定的现象。我们为了应对在工作量较多时的需求，就必须投入'不合理'的多余设备，并需要储备人员，这样自然就会产生不必要的'浪费'。

"为了避免出现这种情况，就需要我们在平时就推动操作的'平准化'和'标准化'。

"因此，我们首先要做的是'寻找不均衡'。发现不均衡后，为了避免操作出现这种工作量上的不稳定状况，就需要制定出所有工作的操作标准。"

不过，制定操作标准时需要引起注意的是，我们不能简单粗暴地下达指令，诸如"要这样那样做！""按这个操作标准手册去做！"，而应说明"为什么会导致效率低下"，以此让所有员工透彻理解"操作效率"的"经营思路"。

当员工理解"经营思路"，并认同的话，就会自发和主动地提高"操作标准"①。

因此,我们需要由过去的"管理"向"标准"转变。

即便只是改换了一个用语,人们的"思路"也会发生转变。

比如,与"早睡早起"相比,"早起早睡"的说法能给人以更加积极的感觉。

实际上,即使父母让孩子"早点儿睡觉",孩子也不愿早睡,也睡不着。

然而,如果父母让孩子"早点儿起床",一早就叫醒孩子,让他们好好吃早饭。

这样做,孩子就能精神百倍地去上学。

从早上开始就认真学习,尽情玩耍,到了晚上自然就能入睡了。

难道不是这样的吗?

"我们若想转变企业的文化,就应从企业内部用语开始改变。"

这就是我的看法。

---

① 为了评估员工的成绩,需要企业方面制定出"评估标准",还需要完善工作环境。

销售额是"目标",毛利额和营业费用是"计划"

被誉为"现代管理学之父"的彼得·德鲁克博士,曾就"目标"做过如下阐述。

"目标并非必须绝对实现,而是为我们指引方向;

"目标并非必须接受命令,而是可自行设定;

"目标并非决定未来,而是为创造未来,需要动员企业的资源与能源的手段。"

所以,目标必须"自行设定"。

同时,目标不是必须实现,始终不过是一种"希望这样"的具体方向性的指示。

然而,如果没有"目标",就不可能创造未来。

而且,通过明确"目标",就能看清"眼下必须做哪些事情"。

请问各位,除了企业指定要完成的各种数字外,是否还有自己设定的"目标"呢?

有"目标"做事和无"目标"做事,二者所产生的"结果"截然不同。

另一方面，所谓"计划"的含义又是什么呢？

参考彼得·德鲁克博士的说法，可以认为是"决定未来的手段"。

在公司存续或者发展的过程中，这是"绝对需要的数字"。

所以，或许应该说"计划"是公司所给予的履行工作的责任。如果是经营者，计划也是一种自己赋予自身的履行工作的责任。

所以，我经常强调："销售额是目标；毛利额和营业费用是计划。"

销售额作为自行设定的数字，为了达成目标销售额，就需要动员企业的资源和能源。

然而，毛利额和营业费用不能作为目标考虑。

它们都属于计划的范畴，是"必须达成的数字"。

也是企业所下达的必须"履行工作责任"的数字指标。

如果我们不能透彻理解"目标"和"计划"，企业会变得"无法赢利"。

请各位务必将"目标"和"计划"的含义渗透给企业的所有员工，使企业朝着蓝海式的经营进军。

应扩大自家店的"舒适区"

有个用语叫"舒适区"。

这本是"脑神经科学"领域的一个术语，简而言之，就是能让我们感觉到舒适、放松的场所，通常指我们平时生活的场所，比如家或公司，我们称这样的空间场所为舒适区。

比如，各位都有过这种体会：常去的酒馆会让人感到莫名的放松，而第一次去的酒馆就会让人感到莫名的紧张。

也就是说，人的大脑会对熟悉而亲切的环境感到安全和放心。所以，当人在舒适区时，就能够身心放松，也能最大限度地展现自己。

在足球等体育运动中，所谓"主场强客场弱"正是这一"舒适区"现象的体现。

所以，日销售额 300 万日元的企业，如果想达到日销售额 1000 万日元的目标，就需要把日销售额 300 万日元的舒适区提升到平均日销售额 1000 万日元的档位。

对于日销售额只有 300 万日元的企业而言，由于这种水平属于舒适区，所以该企业的员工就只能在日销售额 300 万日元的世界里坐井观天。

即使眼前出现了能实现日销售额 1000 万日元的机会,他们也看不到。

况且,就算看到了,在名为"稳态"(脑神经科学术语)这一试图维持原状的大脑功能的强大调节作用下,他们也会在不知不觉中止步不前。

比如,那些整日想着"渴望金钱""有没有成为有钱人的方法啊"的人,为什么不能成为富翁呢?

那是因为,他们一直停留在那个"没钱的自己"所创造的舒适区当中,而无法跳出。

大部分买彩票中了"1 亿日元"的人,之后的人生都会搞得一团糟,可能也是出于这个原因吧。

因为沉溺于那个"没钱的自己"舒适区,所以当面对"飞来横财"时就会感到不安,如坐针毡。

他们之后自然会再次回到当初那个"没钱的自己"的状态。

那么,怎样才能扩大我们的"舒适区"呢?

首先,公开表明(积极宣言)"打造日销售额 1000 万日元的门店",而且不断向所有员工灌输并彻底强化他们的"心理图像"。

这样一来,员工们就会想了解"那些日销售额 1000 万日元的门店是如何进行实践的"。他们就会对日销售额 1000 万日元的门店展开研究,并积极"效仿"。

结果必然会引发"标准"的提升,在不知不觉中他们的"舒适区"就会变成日销售额1000万日元。

原来的"日销售额300万日元"的"标准",自然会被他们嫌弃。

所以,过去一直未能实行的不断向"新事物"发起挑战的企业文化就会应运而生。

然而,大部分企业不愿改变自身,扩大"舒适区"。

他们会找出各种说辞,"我们可做不来啊""正因为是这家企业所以才能做到!""人家本来就有这个能力!"等。

之所以这样,是因为他们不愿意认同这样的标准和这样的企业及人们。

因为新的标准超出了他们的"舒适区"以外。

用以往的"标准"无论如何也达不到"目标"

我之所以如此断言,是因为这来自我的亲身经历。

直到七八年之前,我还是一个无名的咨询顾问。

后来因一位收银员的一席话,我才下定决心走出自己的"舒适区"。

同时,向周围人公开宣告(积极宣言)了自己的"目标"。

或者应该说，是坚定了自己的"人生的目标"。

"自己立志成为一名热情的改革者和教育者，能带给人们梦想、希望和勇气，直到世界上的人都过上幸福的生活为止。"

我心怀宏愿，决定走出自己的"舒适区"。

此后，在我身上发生了一系列变化。首先是，开始了书籍撰写之路。

其次，凭一己之力开设了网络电视平台"商人网"。每年有300多天都忙于提供咨询服务、从事演讲活动。

另外，指导为数众多的企业和店铺走上成功之路，成为赢利性企业和旺铺。

所以，我现在可以充满自信地向各位提出建言：

"制定高目标，并落实到行动上，走出自己的舒适区。"

另外，如果过于依赖管理，就无法摆脱"舒适区"。

摆脱对管理的过度依赖，让员工心怀"目标"，培养他们的思考能力和行动力，将推动企业的发展，并使企业进一步成长为"赢利性"企业。

商人传道师流派的 PDCA 循环

所谓 PDCA 循环的含义为"Plan（目标和计划）—Do（实

践）—Check（验证）—Action（完善）"。

令人意外的是，引入这一PDCA循环的超市企业有很多。然而，事实上都没有获得理想的效果。

我在此向各位介绍能带来"结果能发生巨大转变"的、商人传道师定义的"螺旋型"PDCA循环（参考图表㉘）。

该"螺旋型"PDCA是指，经过一个循环周期后，在Plan的节点上"标准"得到了提升。

首先，与通常的PDCA循环的一个不同之处在于，"是把Plan看作计划，还是目标？"。

如前所述，目标"并非绝对需要达到"。所以，可以把目标理解为"对自我的挑战"、"对极限的挑战"以及"对超常值的挑战"。

需要我们先制定一个按照自己过去的"标准"是绝对无法实现的"目标（=挑战）"。

其次，"螺旋型"PDCA的第二个不同之处是，在PDCA循环中加入"Error"这一要素。

常言道，"失败乃成功之母"。因为是挑战以自己过去的"标准"绝对无法达到的"目标"，所以必然导致失败。

反过来说，如果是很容易就能实现的目标，就意味着目标设定得过低。

"失败"正是商人传道师定义的"螺旋型PDCA循环"的重

最终章 | 蓝海模式下的"人才培养"方法

图表 ㉘　"螺旋型"PDCA循环

<传统型>

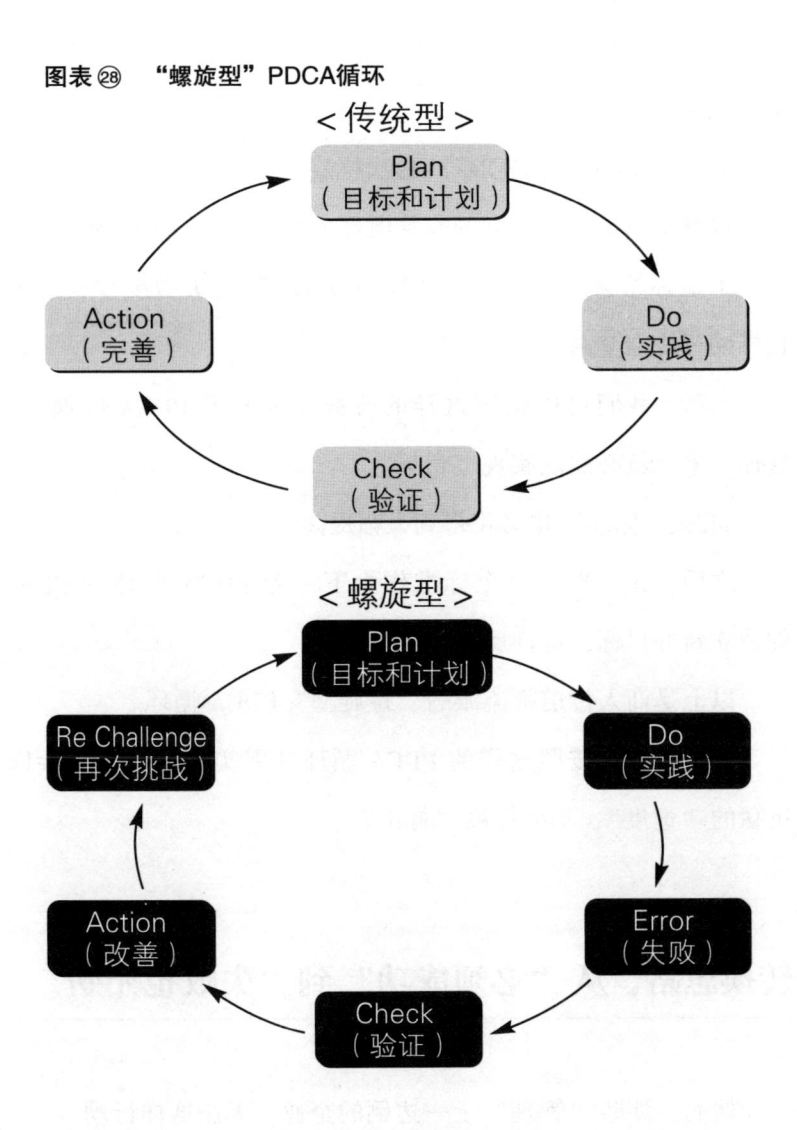

- Plan（目标和计划）
- Do（实践）
- Check（验证）
- Action（完善）

<螺旋型>

- Plan（目标和计划）
- Do（实践）
- Error（失败）
- Check（验证）
- Action（改善）
- Re Challenge（再次挑战）

233

中之重。

我们需要对"为什么产生失败"进行彻底检验,并从中找出"改善对策"。

第3个不同之处是朝着"再次挑战"迈进。

也就是以前面所找到的改善项目为基础,进行再次挑战。

于是必然会比第一次的"Do(实践)"的失败变少,达成目标的程度会变高。

然后,我们可以按照这样的流程反复开展 PDCA 的循环。这样一来,就必然能实现"目标"。

届时,"标准"也必将得到大幅提高。

之后,我们再以这个标准作为下一轮 PDCA 循环的 Plan,即建立新的目标,这样反复循环下去。

以上是商人传道师流派的"螺旋型"PDCA 循环。

如果企业能按照这样的 PDCA 循环开展实践活动,就会以迅猛的"速度",不断提高"标准"。

转换思路,从"必须成功"到"失败也无妨"

然而,那些"管理"上一边倒的企业,无法这样行动。

这是因为,这样的企业充斥着"不允许失败""如果失败就会被苛责"的风气。

所以，这样的企业必须"摆脱管理的束缚"。

需要转换观念，"从'必须成功'到'失败也无妨'"。

告诉员工们："失败也没关系，你们大胆地放手去做！"

之后就只需思考"为什么会失败"。

各位不想尝试打造这样的工作环境吗？

这样的话，必然能成为"利润丰厚"的企业，被选为"最受员工喜爱的企业"的可能性也会远远超过现在。

图表㉙是彼得·德鲁克博士提出的"管理学的5项工作"。

我认为，德鲁克博士所倡导的"管理学"正是为了强调"脱离管理"。

如前文所述，在日本，往往认为"管理＝约束"，这样来解读管理。

然而，德鲁克博士指出："所谓管理意味着自行决定前进的方向，同时具有对人支配的含义。"

也就是说，"所谓管理意味着自行决定前进的方向"。

但是在日本，"管理"被企业视为"对人的支配"。

因此，即使在超市行业，大部分人还是将"管理"理解为"对人的支配"。

德鲁克博士所提倡的"管理学"内容包括"设定目标""形成动机""尽力实现有效沟通""包括自己在内的人才培养"，而

图表㉙　彼得·德鲁克提出的"管理的5项工作"

① "设定目标"

确定各目标领域,并决定各目标需要达到的具体目标。
确定为实现目标而应该采取的行动。通过和合作伙伴的沟通,把这些目标视为有意义的存在。

② 组织

对活动、决策及关系进行分析,对工作进行分类。
将分类后的工作按活动或作业内容进行分配。
将这些活动和作业整合为组织结构。
确定可作为管理的人选。

③ 建设团队

为此形成动机,来达到良好的团队沟通交流。

④ 评价

需要制定考核评价尺度。
对于整个组织和每个人的业绩而言,没有比评价衡量尺度更重要的因素。

⑤ 包括自己在内的人才培养

(内容节选自"管理学的课题、责任、实践")

这与超市行业所理解的"管理"含义正相反。

难道"管理学"原本不是为了"培养人才"而存在吗？

本来，零售业就应是"人就是一切"的行业。

我认为，唯有打造"培养人才"的企业环境，才能实现"脱离管理"。

"日本人往往过于害怕失败。但从根本上说，那些恐惧失败而什么都不做的人，才是最差的人。"（本田公司创始人本田宗一郎）

因此，我们需要转换思路，从"必须成功"到"失败也无妨"，并共同探讨"为什么会失败"。

如果养成这种"习惯"，门店和个人都会在原有水平上实现飞跃性的发展。

英国首相丘吉尔有这样一句名言："失去金钱是小事，丧失名誉是大事，但如果丧失勇气，你便一无所有。"

在如今这样瞬息万变的时代，只求安定就意味着衰退。

惧怕失败而不去挑战，这才是最糟的结果。

要从失败中吸取经验教训并成长起来。

我坚信，所谓打造人才，就是通过领导的"放手一搏的勇气"和下属的"从失败中学习的能力"催生出来的。

写在最后

I have a dream

——唯有心怀热爱与执念,
　方能成就一番事业

我有一个梦想。

那就是,"实现包括超市在内的零售行业整体的地位提升"。

为了实现零售行业整体地位的提升,我决定将自己的后半生都献给这一事业。

我要将超市行业打造成一个令从业人员都感到自豪的行业,让那些在超市工作的爸爸妈妈,可以充满自信地向自己的孩子介绍自己的工作:"超市是一种能如此为地区做出贡献的职业。"

同时,让这个行业能成为孩子们的憧憬:"我以后长大了,也要像爸爸妈妈那样在超市工作。"

为此,我们必须更进一步提高超市的行业地位。

同时,必须提高超市从业者的薪资水平。

实际上,我从小就很讨厌"商贩"。

尤其讨厌"超市"。

这是因为,我小时候,父母在九州宫崎市的偏僻乡下经营着一家小超市,我总是被强迫去店里帮忙。

别人家可以在春节和暑假期间出门旅行等,而像这样与家人共度欢乐时光等活动都和我无缘。

所以，我才会讨厌超市的工作。家里3个兄弟姐妹总是在抱怨"真羡慕○○家啊"。

于是，我从小就暗下决心，以后找工作的要求是"在春节和盂兰盆节能放假，还能有双休日"。

正是因为有着这样的童年经历，我曾经一度最讨厌"商人"。

然而现在，我却从事着协助这些"商人"的工作。

命运真是不可思议。

实际上，带来这一转折的契机，正是父母经营的"小超市"破产。

我家附近新成立了一家大型购物中心，给父母的超市造成了巨大冲击。

父母原本就没有正统地学习过超市的经营，面对冲击只能选择对抗，结果陷入了"乱发海报"的红海战役之中。

在那家购物中心开业5年后，我父母经营的小超市宣告破产。

那时，我才刚刚大学毕业，却被迫成了贷款公司和银行负债的"连带责任保证人"。

因为我的父母都被亲戚们鄙弃。

从宣告破产的那一瞬间开始，暗无天日的生活就开始了：每天不是收到贷款公司要求还款的电话，就是收到银行寄来的催款通知单。

这段日子对于一个刚走出大学校门的年轻人而言，简直如同地狱一般。

但回首往事，正是因为经历过这段"痛苦时光"，才有了今天的我。

我之所以心怀宏愿，立志投身于"实现包括超市在内的零售行业的整体地位的提升"，也是缘自那段刻骨铭心的经历。

所以，我非常感谢父母。

同时，从心底希望奋战在超市行业的各位朋友能真正得到幸福。

进一步提升超市行业的地位，进一步提高超市从业者的薪资水平，希望超市的从业者们都能得到幸福。

没有比超市行业更能和地区生活紧密相关，又更努力付出的行业了，但这个行业却没能得到社会的认可。

这绝对是不正常的现象。

所以，希望经营超市的企业能大幅赢利。

希望这个行业的从业者们能对自己的工作充满自豪感。

我正是怀着这样美好的心愿，动笔撰写了本书。

在此，我想向读罢本书后萌生投身于"超市蓝海战略"的想法的各位朋友，献上心中的肺腑之言。

人要有所成，心中必有执念。

努力谁都会。

但只有当努力变成一种执念时，才能有所成。

执念产生自对工作的热爱。

需要付出满腔赤诚的热爱和苦苦执着的努力。

唯有心怀热爱与执念，方能成就一番事业。

最后，我向读到本书的读者朋友们表示由衷的感谢。

我在心中期盼，"希望和各位一起获得幸福""今后将继续珍惜和各位的缘分"。

所以，请各位务必赏光。

欢迎各位前来浏览我每天更新的博客"商人传道师1日1言"（http://akindonet.exblog.jp/）。

也欢迎各位观看有我参演的网络电视"商人网"的"生意兴隆 兵法秘籍"节目（http://akindonet.com/）。

我衷心希望，借此宝贵的缘分，能和各位朋友建立起情感的纽带。

最后，我想借此机会向各位客户企业表示感谢，尽管我总是提出一些可能让人感到难以实践的解决方案，但你们仍"勇于"去挑战。

此外，我要向商人网的各位员工表示感谢，尽管你们对我提出的向新事物发起挑战的建议感到惊讶不已，却仍旧"排除万难、坚持到最后"。

最后,向一直默默在背后支持我去追求梦想、一心只想着工作的我最爱的家人们表示感谢。

真的谢谢各位。我爱你们。

关于"服务的细节丛书"介绍：

东方出版社从 2012 年开始关注餐饮、零售、酒店业等服务行业的升级转型，为此从日本陆续引进了一套"服务的细节"丛书，是东方出版社"双百工程"出版战略之一，专门为中国服务业产业升级、转型提供思想武器。

所谓"双百工程"，是指东方出版社计划用 5 年时间，陆续从日本引进并出版在制造行业独领风骚、服务业有口皆碑的系列书籍各 100 种，以服务中国的经济转型升级。我们命名为"精益制造"和"服务的细节"两大系列。

我们的出版愿景："通过东方出版社'双百工程'的陆续出版，哪怕我们学到日本经验的一半，中国产业实力都会大大增强！"

到目前为止"服务的细节"系列已经出版 115 本，涵盖零售业、餐饮业、酒店业、医疗服务业、服装业等。

更多酒店业书籍请扫二维码

了解餐饮业书籍请扫二维码

了解零售业书籍请扫二维码

"服务的细节" 系列

书　　名	ISBN	定　价
服务的细节：卖得好的陈列	978-7-5060-4248-2	26元
服务的细节：为何顾客会在店里生气	978-7-5060-4249-9	26元
服务的细节：完全餐饮店	978-7-5060-4270-3	32元
服务的细节：完全商品陈列115例	978-7-5060-4302-1	30元
服务的细节：让顾客爱上店铺1——东急手创馆	978-7-5060-4408-0	29元
服务的细节：如何让顾客的不满产生利润	978-7-5060-4620-6	29元
服务的细节：新川服务圣经	978-7-5060-4613-8	23元
服务的细节：让顾客爱上店铺2——三宅一生	978-7-5060-4888-0	28元
服务的细节009：摸过顾客的脚，才能卖对鞋	978-7-5060-6494-1	22元
服务的细节010：繁荣店的问卷调查术	978-7-5060-6580-1	26元
服务的细节011：菜鸟餐饮店30天繁荣记	978-7-5060-6593-1	28元
服务的细节012：最勾引顾客的招牌	978-7-5060-6592-4	36元
服务的细节013：会切西红柿，就能做餐饮	978-7-5060-6812-3	28元
服务的细节014：制造型零售业——7-ELEVEn的服务升级	978-7-5060-6995-3	38元
服务的细节015：店铺防盗	978-7-5060-7148-2	28元
服务的细节016：中小企业自媒体集客术	978-7-5060-7207-6	36元
服务的细节017：敢挑选顾客的店铺才能赚钱	978-7-5060-7213-7	32元
服务的细节018：餐饮店投诉应对术	978-7-5060-7530-5	28元
服务的细节019：大数据时代的社区小店	978-7-5060-7734-7	28元
服务的细节020：线下体验店	978-7-5060-7751-4	32元
服务的细节021：医患纠纷解决术	978-7-5060-7757-6	38元
服务的细节022：迪士尼店长心法	978-7-5060-7818-4	28元
服务的细节023：女装经营圣经	978-7-5060-7996-9	36元
服务的细节024：医师接诊艺术	978-7-5060-8156-6	36元
服务的细节025：超人气餐饮店促销大全	978-7-5060-8221-1	46.8元

书　　名	ISBN	定　价
服务的细节026：服务的初心	978-7-5060-8219-8	39.8元
服务的细节027：最强导购成交术	978-7-5060-8220-4	36元
服务的细节028：帝国酒店　恰到好处的服务	978-7-5060-8228-0	33元
服务的细节029：餐饮店长如何带队伍	978-7-5060-8239-6	36元
服务的细节030：漫画餐饮店经营	978-7-5060-8401-7	36元
服务的细节031：店铺服务体验师报告	978-7-5060-8393-5	38元
服务的细节032：餐饮店超低风险运营策略	978-7-5060-8372-0	42元
服务的细节033：零售现场力	978-7-5060-8502-1	38元
服务的细节034：别人家的店为什么卖得好	978-7-5060-8669-1	38元
服务的细节035：顶级销售员做单训练	978-7-5060-8889-3	38元
服务的细节036：店长手绘　POP引流术	978-7-5060-8888-6	39.8元
服务的细节037：不懂大数据，怎么做餐饮？	978-7-5060-9026-1	38元
服务的细节038：零售店长就该这么干	978-7-5060-9049-0	38元
服务的细节039：生鲜超市工作手册蔬果篇	978-7-5060-9050-6	38元
服务的细节040：生鲜超市工作手册肉禽篇	978-7-5060-9051-3	38元
服务的细节041：生鲜超市工作手册水产篇	978-7-5060-9054-4	38元
服务的细节042：生鲜超市工作手册日配篇	978-7-5060-9052-0	38元
服务的细节043：生鲜超市工作手册之副食调料篇	978-7-5060-9056-8	48元
服务的细节044：生鲜超市工作手册之POP篇	978-7-5060-9055-1	38元
服务的细节045：日本新干线7分钟清扫奇迹	978-7-5060-9149-7	39.8元
服务的细节046：像顾客一样思考	978-7-5060-9223-4	38元
服务的细节047：好服务是设计出来的	978-7-5060-9222-7	38元
服务的细节048：让头回客成为回头客	978-7-5060-9221-0	38元
服务的细节049：餐饮连锁这样做	978-7-5060-9224-1	39元
服务的细节050：养老院长的12堂管理辅导课	978-7-5060-9241-8	39.8元
服务的细节051：大数据时代的医疗革命	978-7-5060-9242-5	38元
服务的细节052：如何战胜竞争店	978-7-5060-9243-2	38元
服务的细节053：这样打造一流卖场	978-7-5060-9336-1	38元
服务的细节054：店长促销烦恼急救箱	978-7-5060-9335-4	38元

书　名	ISBN	定　价
服务的细节055：餐饮店爆品打造与集客法则	978-7-5060-9512-9	58元
服务的细节056：赚钱美发店的经营学问	978-7-5060-9506-8	52元
服务的细节057：新零售全渠道战略	978-7-5060-9527-3	48元
服务的细节058：良医有道：成为好医生的100个指路牌	978-7-5060-9565-5	58元
服务的细节059：口腔诊所经营88法则	978-7-5060-9837-3	45元
服务的细节060：来自2万名店长的餐饮投诉应对术	978-7-5060-9455-9	48元
服务的细节061：超市经营数据分析、管理指南	978-7-5060-9990-5	60元
服务的细节062：超市管理者现场工作指南	978-7-5207-0002-3	60元
服务的细节063：超市投诉现场应对指南	978-7-5060-9991-2	60元
服务的细节064：超市现场陈列与展示指南	978-7-5207-0474-8	60元
服务的细节065：向日本超市店长学习合法经营之道	978-7-5207-0596-7	78元
服务的细节066：让食品网店销售额增加10倍的技巧	978-7-5207-0283-6	68元
服务的细节067：让顾客不请自来！卖场打造84法则	978-7-5207-0279-9	68元
服务的细节068：有趣就畅销！商品陈列99法则	978-7-5207-0293-5	68元
服务的细节069：成为区域旺店第一步——竞争店调查	978-7-5207-0278-2	68元
服务的细节070：餐饮店如何打造获利菜单	978-7-5207-0284-3	68元
服务的细节071：日本家具家居零售巨头NITORI的成功五原则	978-7-5207-0294-2	58元
服务的细节072：咖啡店卖的并不是咖啡	978-7-5207-0475-5	68元
服务的细节073：革新餐饮业态：胡椒厨房创始人的突破之道	978-7-5060-8898-5	58元
服务的细节074：餐饮店简单改换门面，就能增加新顾客	978-7-5207-0492-2	68元

书　名	ISBN	定　价
服务的细节075：让POP会讲故事，商品就能卖得好	978-7-5060-8980-7	68元
服务的细节076：经营自有品牌	978-7-5207-0591-2	78元
服务的细节077：卖场数据化经营	978-7-5207-0593-6	58元
服务的细节078：超市店长工作术	978-7-5207-0592-9	58元
服务的细节079：习惯购买的力量	978-7-5207-0684-1	68元
服务的细节080：7-ELEVEn的订货力	978-7-5207-0683-4	58元
服务的细节081：与零售巨头亚马逊共生	978-7-5207-0682-7	58元
服务的细节082：下一代零售连锁的7个经营思路	978-7-5207-0681-0	68元
服务的细节083：唤起感动	978-7-5207-0680-3	58元
服务的细节084：7-ELEVEn物流秘籍	978-7-5207-0894-4	68元
服务的细节085：价格坚挺，精品超市的经营秘诀	978-7-5207-0895-1	58元
服务的细节086：超市转型：做顾客的饮食生活规划师	978-7-5207-0896-8	68元
服务的细节087：连锁店商品开发	978-7-5207-1062-6	68元
服务的细节088：顾客爱吃才畅销	978-7-5207-1057-2	58元
服务的细节089：便利店差异化经营——罗森	978-7-5207-1163-0	68元
服务的细节090：餐饮营销1：创造回头客的35个开关	978-7-5207-1259-0	68元
服务的细节091：餐饮营销2：让顾客口口相传的35个开关	978-7-5207-1260-6	68元
服务的细节092：餐饮营销3：让顾客感动的小餐饮店"纪念日营销"	978-7-5207-1261-3	68元
服务的细节093：餐饮营销4：打造顾客支持型餐饮店7步骤	978-7-5207-1262-0	68元
服务的细节094：餐饮营销5：让餐饮店坐满女顾客的色彩营销	978-7-5207-1263-7	68元
服务的细节095：餐饮创业实战1：来，开家小小餐饮店	978-7-5207-0127-3	68元

书　名	ISBN	定　价
服务的细节096：餐饮创业实战2：小投资、低风险开店开业教科书	978-7-5207-0164-8	88元
服务的细节097：餐饮创业实战3：人气旺店是这样做成的！	978-7-5207-0126-6	68元
服务的细节098：餐饮创业实战4：三个菜品就能打造一家旺店	978-7-5207-0165-5	68元
服务的细节099：餐饮创业实战5：做好"外卖"更赚钱	978-7-5207-0166-2	68元
服务的细节100：餐饮创业实战6：喜气的店客常来，快乐的人福必至	978-7-5207-0167-9	68元
服务的细节101：丽思卡尔顿酒店的不传之秘：超越服务的瞬间	978-7-5207-1543-0	58元
服务的细节102：丽思卡尔顿酒店的不传之秘：纽带诞生的瞬间	978-7-5207-1545-4	58元
服务的细节103：丽思卡尔顿酒店的不传之秘：抓住人心的服务实践手册	978-7-5207-1546-1	58元
服务的细节104：廉价王：我的"唐吉诃德"人生	978-7-5207-1704-5	68元
服务的细节105：7-ELEVEn一号店：生意兴隆的秘密	978-7-5207-1705-2	58元
服务的细节106：餐饮连锁如何快速扩张	978-7-5207-1870-7	58元
服务的细节107：不倒闭的餐饮店	978-7-5207-1868-4	58元
服务的细节108：不可战胜的夫妻店	978-7-5207-1869-1	68元
服务的细节109：餐饮旺店就是这样"设计"出来的	978-7-5207-2126-4	68元
服务的细节110：优秀餐饮店长的11堂必修课	978-7-5207-2369-5	58元